Das Leben könnte so schön sein. Wenn unser schlechtes Gewissen nicht wäre, das große unbekannte Wesen hinter unserer Stirn und unser ständiger Begleiter: Wenn wir an einem Bettler vorbeigehen oder Nutella aufs Brot streichen, wenn wir vor der Mülltonne stehen oder bei Rot über die Ampel gehen. Du musst kein schlechtes Gewissen haben? Von wegen.

Da es keine verbindliche Moral mehr gibt, keine objektiven Maßstäbe für gut und böse, haben wir uns alle im Laufe der Zeit ein sonderbares Gedankengebäude errichtet, nach dem der gut ist, der joggt und auf dem Wochenmarkt frische Tomaten kauft, und der schlecht, der nicht joggt und Pommes mit Ketchup mag. Wir sollen und wollen uns ständig schuldig fühlen, wissen aber nicht mehr so ganz, warum – und vor allem: vor wem.

Wenn ›Generation Golf‹ das Tagebuch einer vergangenen Kindheit und Jugend war, dann ist ›Anleitung zum Unschuldigsein‹ die Reise in unser inneres Absurdistan, in dem uns die Gewissensbisse täglich lustvoll quälen. Dieses Buch ist die erste Problemzonengymnastik für den Kopf.

Florian Illies, geboren 1971, ist Feuilleton-Redakteur der »Frankfurter Allgemeinen Zeitung« in Berlin. Im Fischer Taschenbuch Verlag erschien 2001 sein Buch ›Generation Golf‹ (Band 15065).

Unsere Adresse im Internet: www.fischer-tb.de

Florian Illies
Anleitung zum Unschuldigsein
Das Übungsbuch für ein schlechtes Gewissen

Fischer Taschenbuch Verlag

Die Abbildungen im Buch stammen von Ulf Döpking

Veröffentlicht im Fischer Taschenbuch Verlag,
ein Unternehmen der S. Fischer Verlag GmbH,
Frankfurt am Main, November 2002

Lizenzausgabe mit Genehmigung des
Argon Verlages, Berlin
© 2001 Argon Verlag GmbH, Berlin
Druck und Bindung: Clausen & Bosse, Leck
Printed in Germany
ISBN 3-596-15696-3

Für Amélie

Inhalt

1. Heute trenne ich den Müll nicht — 11

2. Heute komme ich auf sechzehn Schuldgefühle bei zwölf Kilometern Fahrstrecke — 21

3. Heute nehme ich mir ein Taxi — 29

4. Heute lasse ich einen Tramper im Regen stehen — 37

5. Heute kaufe ich einen Tisch aus Tropenholz, einen Teppich, der in Kinderarbeit hergestellt wurde, und zehn Schachteln Eier aus einer Legebatterie — 43

6. Heute gehe ich in ein Restaurant — 45

7. Heute kaufe ich dem Mann mit den Rosen keine Rose ab — 59

8.	Heute bleibe ich einen Tag zu Hause	69
9.	Heute gehe ich am Schild einer Zahnarztpraxis vorbei	97
10.	Heute fahre ich nach Italien und schäme mich dort dafür, Deutscher zu sein	103
11.	Heute laufe ich einen Tag durch die Stadt und treffe einen alten Klassenkameraden, an dessen Namen ich mich nicht mehr erinnern kann	119
12.	Heute lasse ich mir von einem Schuhputzer auf der Straße vor aller Augen minutenlang die Schuhe putzen	137
13.	Heute ernähre ich mich falsch	139
14.	Heute schäme ich mich, weil es mir gut geht	153
15.	Heute habe ich stellvertretend ein schlechtes Gewissen für meine Eltern oder Kinder und für die Gäste in Nachmittagstalkshows	163
16.	Heute gehe ich rauchend bei Rot über eine Ampel, an der drei Mütter mit ihren Kindern warten	173
17.	Heute besuche ich jemanden	175

18. Heute fühle ich mich schlecht, weil ich ein weißes T-Shirt von Boss trage — 187

19. Heute rufe ich den Bekannten, dem ich vor einem Jahr eine Internetaktie empfohlen habe, die inzwischen 90 Prozent ihres Wertes eingebüßt hat, nicht zurück — 197

20. Heute rede ich mit Bernd — 199

21. Heute habe ich ein schlechtes Gewissen im Bett — 205

22. Heute feiere ich Weihnachten, das Fest der Schuldgefühle — 217

23. Heute versuche ich, mit meinem Partner zu sprechen — 229

Heute trenne ich den Müll nicht

Das Leben könnte so schön sein. Wenn ich nicht jedes Mal innerlich zusammenzucken würde, wenn ich eine Bananenschale in den Papierkorb werfe und einen Joghurtbecher, ohne ihn auszuwaschen, in die gelbe Tonne stecke. Wer wirklich weiß, ob eine ausgespülte Feinwaschmittelplastikflasche in den gelben Sack gehört oder in den klassischen Müll, der als Restmüll inzwischen ein genauso kümmerliches Dasein fristet wie Restjugoslawien, muss ein Proseminar in Abfallwirtschaft absolviert haben. Alle anderen werden auch künftig, selbst bei kurz aufflackerndem schlechten Gewissen, immer mal ein Bananenschalchen und ein Joghurtbecherchen zu viel in den Restmüll werfen, damit es sich für die Müllabfuhr überhaupt noch lohnt, die schwarzen Tonnen zu leeren. Was waren das doch für wunderbare Zeiten, als man noch alles und jedes gedankenlos in die Mülltüte und dann in die schwarze Tonne stecken durfte, von einer Sache mal abgesehen – »Keine heiße Asche einfüllen« hieß der warnende Aufkleber – , aber die Zeiten, als man mit heißer Asche auf dem Schäufelchen zur Mülltonne ging, müssten eigentlich beendet gewesen sein, bevor es überhaupt die ersten Aufkleber gab. Und auch die sechshundert verbliebenen deutschen Kohleheizer dürften wissen, dass Glut in Plastik nicht ideal aufgehoben ist. Insofern handelt es sich bei den in millionenfacher Auflage hergestellten Aufklebern wahrscheinlich um eine weitere Marktlücke, die erneut jener Aufkleberhersteller besetzt, der sich auch die »Atomkraft, nein danke«- und »Ein Herz für Kinder«-Aufkleber ausgedacht hat. Der Produzent wusste, dass der Deutsche an sich eine Liebe zu Warnhinweisen besitzt, außerdem wusste er, dass es ihn freut, wenn Verbote aufgestellt werden, die er ohnehin nie verletzen will. Da war es dann letztlich nur Zufall, dass auf den Aufklebern »Keine heiße Asche einfüllen« steht. Es hätte auch darauf stehen können »Keinen kalten Kaffee einfüllen« beziehungsweise »Ein Herz für Restmüll«.

Weil inzwischen also weder heiße Asche noch irgendwelcher anderer Müll in die schwarzen Tonnen gefüllt wird, stattdessen für jede Abfallform eine eigene Tonne mit spezieller Farbe erfunden wurde, hat der wahrscheinlich total verzweifelte Schwarze-Tonnen-Hersteller eine Vorrichtung entwickelt, die nur noch die halbe Tonne nutzbar macht, wenn man sie von oben einhängt, und man muss, zumindest bei uns, weniger Müllabfuhrgebühren zahlen. Aber alles Mitleid mit der leeren schwarzen Tonne schützt uns nicht vor unseren Schuldgefühlen, wenn es in unserer Küche in unserem normalen Mülleimer sehr voll, in der blauen und grünen Tonne sowie dem gelben Sack hingegen auch nach zwei Monaten noch immer sehr leer aussieht. Wenn ich nicht immer wieder überraschte ausländische Besucher mit den vier verschiedenfarbigen Mülltonnen unter der Spüle und im Innenhof begeistern könnte, hätte ich wahrscheinlich schon längst dem ganzen Firlefanz ein Ende bereitet. Und diese ausländischen Besucher ahnen auch nicht, was es in Deutschland für eine Mutprobe darstellt, nach den vier grünen Flaschen auch die eine weiße Flasche in den Container für grüne Flaschen zu werfen, weil man zu faul ist, für die eine Flasche zum Weißglascontainer auf die andere Straßenseite zu gehen.

Seit 1993, dem Jahr, in dem sich Gerhard von Hillu Schröder trennte, sammeln die deutschen Verbraucher, wie man uns Müllerzeuger nennt, getrennt. Und diese Zeit hat vollkommen ausgereicht, um Menschen, die ihren Müll ungetrennt müllen, gesellschaftlich zu ächten. So schwächlich sind heutzutage alle Moralgebäude geworden, dass sich jede noch so seltsame Vorschrift in wenigen Jahren zur verbindlichen Norm entwickeln kann. Die Bösen sind demzufolge die, die ihre durchsichtigen Tüten nachts in den Eimer werfen, damit niemand sieht, dass darin Gurkenschalen, Joghurtbecher und Plastikfolien unrechtmäßig vereint sind. Wie lange diese Terrorisierung des Verbrauchers durch die Mülltrennung bereits geplant war, lässt sich an der Tatsache beweisen, dass seit der Nachkriegszeit in Deutschland ausschließlich durchsichtige Mülltüten angeboten werden. Das ist an und für sich unsinnig, denn man würde ja eigentlich sehr gerne darauf verzichten, beim Runtertragen des Mülls noch einmal zu sehen, wie viele abgelaufene Joghurts man in der letzten Woche ungegessen wegwerfen musste und wie sich eine verfaulte Tomate innerhalb einer Woche farblich verändert. Erst mit der Einführung des grünen Punktes zeigte sich nun das Ziel dieser von langer Hand geplanten Kampagne zur Transparenz des Verbrauchers. Was sich da harmlos Duales System Deutschland nennt, ist in Wahrheit die Kombination aus Gesinnungsterror und Überwachungsstaat, Big Brother in der Abfallwirtschaft. Die Melodie geht so: Wo man nicht Müll trennt, da lass dich niemals nieder, nur gute Menschen trennen immer wieder. Das Ganze könnte ökologisch ziemlich sinnvoll sein, und es gäbe also einen guten Grund, ein gehöriges schlechtes Gewissen zu haben, aber, ob es letztendlich wirklich umweltschonend ist, können noch nicht einmal die Umweltschützer sagen. Bis es so weit ist, stellt sich das deutsche Volk aber offenbar sehr gerne weiter als Versuchspersonal zur Verfügung. In keinem anderen Land fände man wohl Verbraucher wie uns, die sich durch ihr schlechtes Gewissen so perfekt zu irgendwelchen komplizierten täglichen Tätigkeiten zwingen ließen. Wie war das jetzt noch mal gleich mit den Milchtüten? Auswaschen und dann in die blaue Tonne? Oder ist doch eine Spur Plastik in der Innenbeschichtung drin, und es gehört in die gelbe Tonne, oder gehört es wegen des bloß 0,5-prozentigen Plastikanteils nicht vielleicht doch in die schwarze Tonne, denn da muss ja auch mal irgendwann etwas rein? Und was mache ich jetzt mit der Zellophanverpackung um den Dallmayr-

Prodomo-Kaffee, gelb oder schwarz? Und sind Zitronenschalen wirklich etwas für den Bioabfall, angeblich sind sie doch inzwischen so stark gespritzt, dass sie mehr aus Insektenvernichtungsmitteln als aus Zitrone bestehen? Zitronenschalen vielleicht auch der Farbe wegen lieber doch gleich in den gelben Sack? Und gab es nicht für Flaschenkorken früher eigene Müllsäckchen, und wohin wirft man eigentlich kaputte Glühbirnen? Das sind so die Gedanken, denen ich tagtäglich nachhänge, und da nur die gelben Säcke und Tonnen eine lange Liste von den Sachen draufstehen haben, die reinsollen, bin ich jeden neuen Tag so ratlos wie zuvor. Besonders dumm ist, dass man das Schuldbewusstsein eben nicht dadurch mindern kann, dass man die langen Listen auf den gelben Säcken liest – denn dort steht zwar, was reinsoll, aber dort gibt es genauso eine Liste mit dem, was nicht reindarf. Spätestens eine Stunde später habe ich vergessen, was auf welcher Liste stand, und ich kann mich nur noch erinnern, dass Feinwaschmittelflaschen auf einer der Listen des gelben Sacks standen, nur, ob auf der guten oder auf der bösen, das weiß ich nicht mehr. Meinen täglichen gedanklichen Aufwand würde ich mit 3,2 Minuten berechnen, wenn man das mal hochrechnet auf achtzig Millionen Müll machende Deutsche, dann könnte man (manche können so etwas ausrechnen) wahrscheinlich erklären, dass Deutschland täglich insgesamt vier Jahre lang über die Mülltrennung nachdenkt oder dass man mit der Gedankenzeit, die sich Deutschland täglich über das Mülltrennen macht, rechnete man dies auf die Arbeitskraft um, in zehn Minuten einen Castortransport von München nach Gorleben tragen könnte, inklusive polizeilicher Bewachung.

Das Problem bei der Mülltrennung also ist, dass diese teure Form der Müllsortierung eventuell ökologisch sinnvoll, in jedem Fall aber wirtschaftlich unsinnig ist. Das Duale System nahm bislang über vier Milliarden Mark an Lizenzgebühren ein, die der Verbraucher zu zahlen hatte – für sein Grünes-Punkt-Gewissen. Das eigentliche Ziel jedoch, die Müllmenge zu verringern, ist nicht erreicht worden. Selbst der Bund für Naturschutz kritisierte das Verfahren: »Das Vermeiden von Müll ist in den Hintergrund getreten und das schlechte Gewissen durch das Aufstellen vieler verschiedener Eimer beruhigt.« Das Duale System Deutschland ist demzufolge wahrscheinlich nichts anderes als der erste Versuch, Sigmund Freuds Psychologie im Grundgesetz zu verankern.

Das Schuldgefühl, sagt Freud, ist das wichtigste Problem der Kulturentwicklung: Die Regulation sozialen Verhaltens (Kultur oder Abfallwirtschaft) liegt demnach in den Händen des Über-Ichs (des Gewissens und des grünen Punktes) – dieses bedient sich dabei der Mittel des Schuldgefühls. Und schon braucht man vier Mülleimer.

Übung: Wir trennen eine Woche den Müll nicht, werfen alles in eine durchsichtige Tüte, warten, bis möglichst viele Leute im Hof sind, und werfen die Tüte unter Anteilnahme der Hausgemeinschaft in die gelbe Tonne. Anschließend werfen wir noch zweihundert alte Batterien nach und einen vom Vormieter übernommenen und längst abgestorbenen Ficus Benjamini. Dann tauschen wir die Aufkleber »Weißglas« und »Grünglas« auf den öffentlichen Glascontainern aus und gehen zurück in unsere Wohnung.

2. Heute komme ich auf sechzehn Schuldgefühle bei zwölf Kilometer Fahrstrecke

Meine persönliche Bestleistung liegt bei sechzehn Schuldgefühlen auf zwölf Kilometer Fahrstrecke. Mehr ist kaum zu schaffen. Ich fuhr mit dem Saab eines Freundes, den ich als meinen eigenen ausgab (1), nach der Arbeit nach Hause anstatt wie sonst mit dem Rad (2), nahm dabei nur Sibylle mit, die ich vor der Tür traf, ohne es meiner Freundin nachher zu erzählen (3) und ohne Frau Wecker zu fragen, die denselben Heimweg hatte (4), ich fuhr dabei so schnell durch eine Tempo-30-Zone, dass eine Mutter mit Kinderwagen wegspringen musste (5), warf meine Zigarettenkippe aus dem Auto (6), am Ortsausgang ließ ich einen Tramper stehen (7), fuhr dann an einem Plakat vorbei, das für die Europawahl warb, zu der ich gestern nicht gegangen war (8), und schnitt anschließend beim Abbiegen einen Radfahrer, der mir einen Vogel zeigte (9), fuhr am Haus des Zahnarztes vorbei, bei dem ich letzten Montag eigentlich einen Kontrolltermin gehabt hätte (10), nahm verschämt die Klassik-CD aus dem Autoradio (11), griff beim linkshändigen Kramen nach einer cooleren CD in dem Fach der Autotür in die mayonnaiseverschmierten

Reste einer Big-Mäc-Verpackung vom frühmorgendlichen Besuch bei McDrive (12), schreckte auf, weil ich bei dem Versuch, die Mayonnaise unbemerkt an die Unterseite des Fahrersitzes zu schmieren, fast rechts von der Fahrbahn gekommen wäre und Sibylle, sehr bleich, bereits symbolische Bremsbewegungen machte (13), dann fuhr ich über ein Stück Erde auf der Straße, das sich beim Drüberfahren als Kröte entpuppte (14), um nach einem kurzen Blick auf die Videothek, bei der ich seit vier Wochen *American Beauty* abgeben musste, den ich als Einziger immer noch nicht angesehen hatte (15), zu Hause anzukommen, und erinnerte mich in diesem Moment daran, dass ich versprochen hatte, heute endlich bei meiner Großmutter im Krankenhaus vorbeizuschauen (16).

Manche dieser Schuldgefühle sind nur etwas für Fortgeschrittene, es braucht dafür ein jahrelang trainiertes schlechtes Gewissen. Aber das Autofahren eignet sich ideal auch für Anfänger auf diesem Gebiet. Wir wollen heute mit einer einfachen Fahrübung beginnen. Schon nach wenigen Minuten wird ein jeder sein schlechtes Gewissen spüren. Das Gute an einer Fahrt mit dem Auto ist, dass das Nachdenken und die Sorgen lange vor dem Moment beginnen, in dem man ins Auto steigt. Denn vor jeder Fahrt mit dem Auto sitzen wir einige Hundertstelsekunden lang auf der Anklagebank unseres inneren Gerichtshofes. Irgendeine Stimme fragt dann kurz die einzelnen Punkte ab: Ist es wirklich nötig, mit dem Auto zu fahren? Wäre es nicht möglich, den Weg auch zu Fuß zu machen oder per Bus und Bahn? (Denn die Stimme des schlechten Gewissens kennt nicht so anstrengende Worte wie Öffentlicher Personennahverkehr, sie spricht ein einschüchternd geradliniges Deutsch.) Zu früheren, quälenderen Zeiten – in den siebziger und achtziger Jahren – kannte die Stimme des schlechten Gewissens, wie mein älterer Bruder, der Philosoph, erzählt, dafür noch zwei weitere bohrende Fragen: 1. Sollte ich nicht lieber eine Fahrgemeinschaft bilden? Sowie 2. Sollen die Rohölvorkommen der Erde tatsächlich deshalb weiterschrumpfen, weil ich mit dem Wagen zum Friseur fahren will? In Nanosekundenschnelle werden dann die Argumente der Verteidigung vorgetragen: Es regnet, ich weiß nicht, ob um diese Zeit noch ein Bus fährt, ich muss so viel Gepäck mitnehmen. Hält man eine dieser Ausflüchte für aussagekräftig genug, sollte man sofort die Wohnung verlassen und in den Wagen steigen. Denn im Grunde hat das schlechte Gewissen natürlich Recht, und man dürfte nie Auto fahren, weil jede Autofahrt das Ozonloch ein klitzekleines bisschen größer macht und deshalb eine Kuh in Australien im Jahre 2009 vier Minuten früher Hautkrebs bekommt. Aber wer nie Auto fährt, bringt sich um eine sehr schöne Leidensquelle, wie sonst sollte man all die schönen Momente kennen lernen, in denen einen hinter dem Lenkrad das schlechte Gewissen ganz unerwartet packen kann. Ich fahre also los, im Zustand der umweltzerstörenden Erbschuld, und sammle auf der Strecke möglichst viele Schuldgefühle. Besonders einfach gelingt dies auf der Autobahn. Dort werde ich alle paar Kilometer von Schildern und Plakaten sehr eindringlich ermahnt, die Geschwindigkeit einzuhalten, ausreichend Pausen einzulegen, das Licht anzumachen, genügend Abstand zum Vordermann zu halten und heute bitte ausnahmsweise keine Waldbrände durch Zigarettenkippen auszulösen. Experten fühlen sich auch durch Windräder in Autobahnnähe schmerzlich zum Nachdenken über ihren Umgang mit alternativen Energien aufgefordert. Sehr schön ist auch das mulmige Gefühl, wenn ich verträumt auf der linken Fahrbahn einen Berg hochfahre, dabei mit dem Handy telefoniere und fünf Minuten später in den Rückspiegel blicke, um zu erkennen, dass hinter mir rund fünfzehn Mercedes und BMWs ungeduldig und sehr sauer mit der Lichthupe drängeln. Aber das alles sind bloß kleine, kurze Gewissensbisse, die nicht lange vorhalten. Es sind die schlechten Gewissen vor sich selbst. Komplizierter wird es, wenn man für das schlechte Gewissen eines ganzen Landes büßt: Fährt man etwa in Brandenburg herum, so darf man sich daran erfreuen, dass auf den Straßenschildern statt Stettin Worte stehen, die aussehen, als hätte man das deutsche Wort durch ein Computerprogramm mit sehr vielen »c« und »z« ersetzt, damit es sich polnisch anhört: also ungefähr Szczetzctczin. Hier erlebt man ein erstes kurzes Aufleuchten des kollektiven deutschen Basisschuldgefühls, das unser Leben lang unser aller treuer Begleiter sein wird. Die Manie, vor allem jene Orte, die einmal deutsch waren, also vornehmlich in Polen und Tschechien, ausschließlich mit ihrem neuen polnischen oder tschechischen und höchstens in Klammern mit ihrem alten deutschen Namen zu versehen, ist eine wunderbare Ausgeburt des schlechten Gewissens. Auch auf den leise klappernden Flughafenanzeigetafeln treibt es seine schönsten Blüten. Natürlich ist in Frankfurt nicht Roma angezeigt, sondern Rom, und nicht Nice, sondern Nizza – aber dort haben wir im Zweiten Weltkrieg ja auch kein Unheil angerichtet. Wer jedoch nach Krakau fliegen will, muss nach Krakow suchen, und Königsberg heißt zwar inzwischen immer öfter wieder Königsberg – nur in Deutschland pflichtschuldig und schuldbewusst und bis ans Ende unserer Tage: Kaliningrad. Und wer gar »Ostpreußen« sagt und dabei die Anführungszeichen vergisst, der muss sich Sorgen machen um sein polizeiliches Führungszeugnis. Die Flughafenanzeigetafel als immer währende Bußübung, unbedroht von Streiks der Lufthansa-Piloten – da darf man stolz sein, Deutscher zu sein. Wenn man das lächerlich findet, wird man von der Political-Correctness-Polizei sofort aufgegriffen und zu Gräfin Dönhoff in die Heimatvertriebenen-Zelle gesteckt. Daraus kann man – und auch nur auf Bewährung – nur wieder entlassen werden, wenn man verkündet, ein weiteres Deutsch-Polnisches Jugendzentrum gründen zu wollen oder 100 000 Mark für die Restaurierung einer kleinen Kirchenorgel in Tschechien zu spenden. All dies ist eine schmerzliche Lektion darin, dass es nichts hilft, wenn das eigene Gewissen gut, das der Sittenwächter aber schlecht ist.

Übung: Wir stehen immer so lange auf der Linksabbiegerspur an der Ampel, bis wir im Rückspiegel einen Radfahrer sehen. Dann fahren wir los, biegen kurz entschlossen rechts ab, schneiden den Radfahrer und brüllen aus dem schon vorher geöffneten Seitenfenster: »Kannste nicht aufpassen, du Idiot!«

3. Heute nehme ich mir ein Taxi

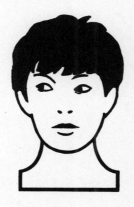

Am schönsten entfalten sich die Schuldgefühle im automobilen Bereich, wenn man sich zu einer Taxifahrt entschließt. Besonders rasch werden sie bei mir wirksam, wenn ich in einer fremden Stadt am Bahnhof in ein Taxi steige, das angegebene Fahrziel aber nur rund 1000 Meter entfernt ist, der Fahrpreis dafür also das Briefporto für einen 100-Gramm-Brief kaum übersteigt. Sofort drängt sich die Frage auf, wie anständig es wäre, den Taxifahrer mit 20 Pfennig Trinkgeld abzuspeisen, obwohl er einem gerade erzählt hat, dass er auf diese Fahrt zwei Stunden gewartet hat und dass er sich jetzt wieder in eine Taxischlange einordnen muss, um erneut zwei Stunden auf den nächsten Kunden zu warten. Hatte man in diesem Falle wenigstens eine Minute noch ein ruhiges Gewissen, weil man ja nicht wusste, wie nah das angegebene Fahrziel war, so ändert sich die Konstellation, wenn man in der Stadt, in der man lebt, in ein Taxi steigt und als Ziel einen nur kaum entfernten Ort nennt. Wenn mir dies gelingt, obwohl es nicht regnet, habe ich an guten Tagen vier schlechte Gewissen auf einmal: das gegenüber dem Fahrer, weil ich wissentlich nur für eine Strecke von 5 Mark 40 fahre, obwohl der Fahrer darauf zwei Stunden warten musste und vom Trinkgeld lebt, und jenes, weil ich nun vom Fahrer für dekadent gehalten werde, solch kurze Strecken mit dem Taxi zu fahren. Stand man noch oft genug an Ampeln und wurde dabei von Fußgängern überholt, gesellt sich dazu noch die bohrende Frage, ob es wirklich sinnvoll gewesen war, das Taxi zu benutzen, und, zum Abschluss, zu Hause, das schlechte Gewissen vor sich selbst (wenn man lügt) oder vor der Freundin (wenn man ehrlich war), wenn man gefragt wird, wie man nach Hause gekommen ist. Dieses Basisrepertoire kann noch durch allerhand weitere vereinzelt auftretende Schuldgefühle erweitert werden: etwa das schlechte Gewissen gegenüber den Nachbarn, die mit Tüten voll gepackt vom Fahrrad steigen, während man selbst gerade ganz entspannt die Taxitür zuwirft. Dieses Gefühl ist glücklicherweise unabhängig davon, ob man eine lange oder kurze Strecke mit dem Taxi zurückgelegt hat.

Ebenso unabhängig von der Fahrdauer sind die schlechten Gewissen, die sich durch die Gespräche mit den Taxifahrern ergeben. Da manche Zeitungsredaktionen bemerkt haben, dass die einzigen Sozialkontakte ihrer Journalisten aus Gesprächen mit Taxifahrern bestehen, stehen Formulierungen wie »Wie Taxifahrer erzählen« oder »Im Taxi erfährt man die wahren Hintergründe« auf dem Index. Zu Recht. Gespräche mit Taxifahrern dürften eigentlich erst dann wieder in Artikeln auftauchen, wenn die Journalisten mutig ihre Leiden auf der Rückbank beschreiben. Also etwa das schlechte Gewissen, das einen befällt, wenn man den Taxifahrer gebeten hat, seine Zigarette auszumachen oder die mit voller Lautstärke laufende Volksmusik leiser zu drehen. Musste ich jetzt wirklich derart spießig sein? Noch nachhaltiger jedoch wirkt das schlechte Gewissen, wenn es sich bei dem Fahrer um einen rastalockigen Mann aus der Karibik handelt, der in seinem Sitz zur Musik mitwippt und dessen Zigarette nach Rauschmitteln riecht – wohl kein Deutscher würde es wagen, diesen jungen Mann darum zu bitten, seine Musik auszustellen und die Zigarette zu löschen, weil er sich nicht nur als intoleranter Rassist fühlen würde, sondern zugleich als Feind der Spaßgesellschaft. In solchen Fällen kombiniert sich das schlechte Gewissen mit einer leichten Form des Selbsthasses zu einem unguten Gefühlsgemisch mit Implosionsgefahr. So kommt es, dass ich meist im Taxi schweige. Im Grunde ist für einen Deutschen das Schweigen ohnehin die einzige Form, sich in einem Taxi angemessen zu verhalten.

Das Schweigen gegenüber den Taxifahrern kann nicht nur das Schweigen aus Angst vor dem Rassismusverdacht oder aus Angst vor dem Spaßfeindlichkeitsverdacht sein, es gibt grundsätzlich auch das Schweigen aus Angst vor Sozialneid. So werden die Kommentare des Taxifahrers über die Wohngegend, aus der man sich gerade abholen ließ, in der Regel ebenso durch Ausflüchte oder Schweigen beantwortet wie seine Kommentare zu auf der Rückbank per Handy geführten Gesprächen. Das Bedürfnis der Taxinutzer, mit den Taxifahrern ein Gespräch darüber zu führen, warum es dem einen so gut geht, dass er sich ein Taxi nehmen kann, und dem anderen so schlecht, dass er Taxi fahren muss, ist nicht sehr groß.

Wenn man bei Nieselregen im Februar Deutschland Richtung Süden verlassen will und die Koffer aus dem Kofferraum des Taxis holt, wird man die Äußerung des Taxifahrers »Na, dann viel Spaß in der Sonne« sofort mit erhöhtem Trinkgeld zu bekämpfen versuchen, um sich nicht unwohl zu fühlen, dass man sich selbst bräunt, während er sich mühsam seinen Monatslohn zusammenfährt. Auch empfiehlt es sich nicht, Gespräche, die vom Taxifahrer mit einer launigen Bemerkung begonnen wurden, durch eine einsilbige Antwort abzuwimmeln – das schleche Gewissen stellt sich sofort ein, je länger das dann folgende Schweigen dauert. Und umso schwieriger ist es natürlich, wieder neu ins Gespräch einzusteigen, und wer bereits ein muskulöses schlechtes Gewissen besitzt, wird es dann auch nicht mehr wagen, das Wetter zu kommentieren, denn das könnte der eventuell arbeitslose Akademiker, der einen da chauffiert, zu Recht als intellektuelle Beleidigung auffassen.

Mitunter beginnen die Taxifahrer sich nach dem Beruf ihres Fahrgastes zu erkundigen. Da ich mir schon während der Frage vorstelle, wie fern für ihn jede Möglichkeit ist, sich je aus seiner Branche herauszuarbeiten, greife ich zu Notlügen. Ließ man sich doch zu einer gewissen Ehrlichkeit hinreißen, beginnt man, das Trinkgeld im Kopf bereits auf 15 Prozent aufzustocken, um nicht als schnöselig zu gelten. Schön, aber nur für Fortgeschrittene, sind auch Fahrten mit deutschen Taxifahrern, deren Hauptanliegen es ist, sich auf ironische, aber unverhohlene Weise über die ausländischen Mitbürger unter ihren Kollegen zu beschweren. Die nämlich nicht schnell genug aus der Schlange fahren. Die zu spät kommen und den Ruf des Taxifahrergewerbes schädigen. Natürlich ist man zu schwach und zu faul, um hier zu protestieren und zu mäßigen, doch beginnend mit der ersten Kritik setzt sich das schlechte Gewissen fest, nicht seine Stimme erhoben zu haben, obwohl man doch den Anfängen wehren muss – ein Gefühl, dass bei ordentlichem Grübeln bis zu einer Stunde andauern kann. Man fühlt sich, als hätte man den Aufstand der Anständigen verpasst.

Zu loben ist in diesem Zusammenhang die Deutsche Bahn, die unser schlechtes Gewissen durch eine besonders subtile Werbung zu aktivieren versteht. Bei Taxifahrten in Berlin erwische ich regelmäßig genau dann, wenn ich nach Frankfurt fliegen will, ein Taxi, auf dessen Beifahrerkopfstütze ein Werbeplakat für den ICE-Sprinter befestigt ist, auf dem mir vorgerechnet wird, um wie viel billiger und schneller ich in Frankfurt wäre, wenn ich den Zug nehmen würde. Dieses schlechte Gewissen, das durch das Aussteigen aus dem Taxi zunächst verflogen scheint, stellt sich dann problemlos wieder ein, wenn sich der Abflug verzögert und mir auffällt, dass ich mit dem Zug nun schon fast in Fulda wäre.

Übung: Heute gehen wir zu einem selten frequentierten Taxistand, an dem die Taxis besonders lange warten müssen, steigen ein und beißen so in unseren mitgebrachten Hamburger, dass besonders viele Zwiebelringe, Salatblätter und Mayonnaisetropfen auf den Sitz gelangen. Dann sagen wir zum Taxifahrer anerkennend: »Sie haben es ja schon ganz schön weit gebracht.« Wir fahren fünfhundert Meter und brüllen dann bei 3 Mark 90, der Fahrer möge uns hier endlich rauslassen. Dann geben wir ihm 3 Mark 90 und sagen »Stimmt so«.

4. Heute lasse ich einen Tramper im Regen stehen

Tramper sind das zuverlässigste Medium zum Gewissenstraining auf freier Strecke. Das Schuldgefühl wird bereits beim Erblicken der labbrigen braunen Pappschilder aktiviert, auf denen Berlin steht oder auch mal in Blümchenschrift Paris. Es wird dann stärker, wenn ich zwischen Stirnhaar und Barthaar die Augen der Pappschilderhalter ausfindig gemacht habe und in meinem Kopf die absurde Selbstentschuldigungsspirale abzulaufen beginnt. Ihr Drehbuch ist jedes Mal identisch: In den ersten Sekunden denkt man – obwohl man das natürlich nie laut sagt – zunächst über den potenziellen Gestank im Wagen, den Dreck auf dem Boden vor dem Beifahrersitz und die Gefahren einer eigenen Ermordung nach: War da nicht gerade letzte Woche bei Eduard Zimmermanns *Aktenzeichen XY ... ungelöst* wieder ein solcher Fall, wo ein eigentlich harmlos aussehender Tramper ... – als aufgeklärter Mitteleuropäer und Jünger der Toleranz muss man diese Reflexe jedoch sofort verwerfen und sich komplizierteren Fragen widmen. Der Frage: Wie kann ich weiterfahren, ohne mich moralisch zu beschädigen?

Denn mit zunehmendem Lebensalter beginnt man, sich selbst zu langweilen, wenn man sich vorträgt: 1. Ich bringe mich eventuell grundlos in Lebensgefahr. 2. Ich kann in der Kurve unmöglich halten. 3. Ich habe vor lauter Gepäck auf der Rückbank gar keinen Platz. 4. Vielleicht fahre ich ja gar nicht in die Richtung, in die der Tramper will. Wer diesen kleinen Entschuldigungsreigen im eigenen Kopf zu schnell absolviert, der Tramper also auch noch bei Punkt 4 irgendwo im Rückspiegel zu sehen ist, muss Unrechtsbewusstsein zeigen und anhalten. Denn es ist herrschende Meinung, dass immer der Recht und ein gutes Gewissen hat, der zu Fuß geht – das ist so, warum auch immer.

Die bloße Präsenz eines Anhalters am Straßenrand ist für den Autofahrer eine Anklage. Die größte Macht haben die Jäger deshalb an Raststätten, beim Kampf Mann gegen Mann. Im Stillstand, wenn die Geschwindigkeit kein Argument mehr sein konnte. In Jakob Arjounis Erzählung *Ein Freund* wird beschrieben, wie der Anhalter an der Zapfsäule den wehrlosen Autofahrer anspricht und damit moralisch in allergrößte Bedrängnis bringt. Dieser Situation zu entkommen verlangt eine ritterliche Manneskraft und ein kaum ausgebildetes schlechtes Gewissen, das eigentlich nur jene haben, die ohnehin nichts dagegen haben, einen Tramper mitzunehmen. Die anderen sprechen, wie Arjouni protokolliert: »Wir fahren gar nicht nach Berlin« oder aber: »Wir biegen sofort ab«. Jeder dieser Sätze wird noch minutenlang im Kopf nachhallen – aber eben nicht im Kopf des Trampers, der längst ein anderes schwächeres Opfer herumgekriegt hat, sondern im Kopf des Verweigerers. Als Schuldgefühl verschärfend wirkt in jedem Fall ein leichter Nieselregen oder scharfer Nordwind, dem die Tramper offenbar schutzlos ausgeliefert sind.

Übung: Sobald wir einen Tramper am Straßenrand sehen, bremsen wir ab und halten ungefähr hundert Meter später an. Wir warten dann, bis er mit glücklichem Gesicht schwer bepackt losläuft, und fahren erst in dem Moment wieder mit Vollgas weiter, in dem er nur noch fünf Meter von unserem Wagen entfernt ist. Diese Übung ruhig mehrfach wiederholen.

5. Heute kaufe ich einen Tisch aus Tropenholz, einen Teppich, der in Kinderarbeit hergestellt wurde, und zehn Schachteln Eier aus einer Legebatterie

6. Heute gehe ich in ein Restaurant

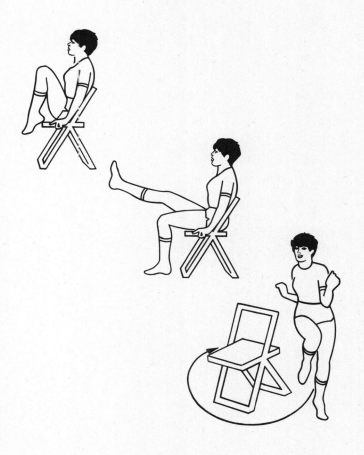

Schön an einem Gang ins Restaurant ist, dass man dabei eigentlich nichts richtig machen kann. Es ist deshalb eine weitere ideale Übung für unser Gewissenstraining. Schön ist dabei auch, dass man in ein beliebiges Restaurant seiner Wahl gehen kann, denn jede Nationalität hält für unser Schuldgefühl ganz spezielle Gefährdungen bereit. Selbst der Gang in ein deutsches Wirtshaus kann einen nicht davor bewahren – denn wer Deutsch essen geht, setzt sich dem Vorwurf aus, feige immer nur das Vertraute zu suchen, wie jene Landsleute, die sich in Spanien erst dann richtig wohl fühlen, wenn sie Ritter Sport Vollmilch-Nuss im Supermarktregal finden. Wer Deutsch essen geht, scheint zudem misstrauisch gegenüber der ausländischen Küche zu sein, wenn nicht gar grundsätzlich misstrauisch gegenüber allem Ausländischen. Aber jenseits dieses dumpfen Basisschuldgefühls bleibt ein Gang in ein deutsches Restaurant für unser Training recht unergiebig. Man sollte also doch lieber in ein ausländisches Restaurant gehen, nur dort kann man das schlechte Gewissen in seiner ganzen Fülle auskosten.

Für den Anfang empfiehlt sich ein chinesisches Lokal. Dort wird man bereits am Eingang von einer Dame begrüßt, die sich so devot niederbeugt und einen mit so vielen Ells statt Errs begrüßt, dass ich eigentlich schmunzeln möchte, mich aber sofort für diese Gemütsbewegung zu schämen beginne. Die Gewissensqual setzt sich dann fort, wenn die Kellnerin mich fragt, ob ich mit Stäbchen essen wolle. Da mir inzwischen zu viele polyglotte Menschen erzählt haben, als welche Beleidigung es Chinesen empfinden, wenn man ihre Chopsuey mit Messer und Gabel isst, nehme ich jedes Mal Stäbchen und hoffe klammheimlich, dass ich dennoch dazu Messer und Gabel gereicht bekomme. Ist dies nicht der Fall, muss ich dann, nachdem mir der Reis beim dauernden Runterfallen von den Plastikstäbchen bereits völlig erkaltet ist, die Bedienung schamhaft darum bitten, vielleicht doch Messer und Gabel zu bekommen – selbstverständlich nur ›zusätzlich‹.

Aber der für das Gewissen komplizierteste Akt beim Chinesen ist nicht das Essen selbst, sondern die Bestellung davor. Die Speisekarten sind immer unendlich lang, jedes Tier auf Gottes Erdboden findet sich dort kombiniert mit allem, was sich für deutsche Ohren zwischen Bambussprossen und Morcheln chinesisch anhört. Die Speisen haben immer sehr hübsche chinesische Bandwurm-Namen. Doch meist hat man sie wieder vergessen, wenn man die Speisekarte zugeklappt oder die Getränke bestellt hat, man schlägt die Speisekarte also noch einmal rasch auf und kapituliert vor dem chinesischen Vokalungetüm. Voller Scham und Selbstverachtung sagt man dann: »Einmal die 15 bitte.« Doch wie sollen sich diese Menschen in Deutschland je akzeptiert fühlen, wenn ich ihre wunderbaren Gerichte nur bei der Nummer nenne? Und merkwürdigerweise lässt man sich von diesen Gewissensqualen auch nicht dadurch abhalten, dass jedes Mal, noch während man versuchte, Chopsuey Begari korrekt auszusprechen, die chinesische Bedienung nachfragte: »Welche Nummer bitte?« Menschen, deren schlechtes Gewissen bereits ausreichend trainiert ist, werden nicht so naiv sein, zu glauben, auch für die chinesische Bedienung sei es einfacher, sich nur die Nummern zu merken. Nein, nein, ganz falsch: Die Tatsache, dass inzwischen selbst die Bedienung nur noch die Nummern sagt und nicht mehr die wundervollen chinesischen Naturprodukte benennt, ist nur ein Zeichen dafür, wie unsere westliche Kultur offenbar die chinesische Immigrantenkultur unterdrückt. So gebrochen ist das chinesische Selbstbewusstsein durch unser einfältiges deutsches Wesen, dass sie selbst das unsinnliche Nummerngestammel ihrer Gastgeber angenommen haben.

Ebenfalls für Anfänger ideal geeignet ist der Besuch in einem französischen Restaurant. Und wer die Wucht der Peinlichkeiten und der unguten Gefühle ohne Abfederung genießen möchte, dem sei empfohlen, alleine ins Restaurant zu gehen. Alleine an seinem Tisch sitzend, kann man nicht nur einen ganzen Abend darüber nachdenken, was die anderen wohl denken, warum man alleine essen gehen muss, man hat auch, durch keinerlei Tischgespräche abgelenkt, Muße, sich voll auf die Entstehung und Vermeidung von Schuldgefühlen zu konzentrieren. Alleine in einem teuren französischen Restaurant – das ist eine der Vorstufen der Hölle. Aber auch zu zweit ist es gar nicht schlecht.

Der Vorteil ist, dass ich bereits ein ungutes Gefühl bekomme, wenn ich meiner Verabredung das Restaurant mitteile, in dem wir uns treffen wollen. Denn schon das Benennen des Ortes erfordert volle Konzentration, damit man alle Accents richtig rum und alle Us als Ü ausspricht. Sitzt man dann endlich am Tisch, nimmt das sprachliche Unheil weiter seinen Lauf. Anders als die Chinesen neigen Franzosen nicht dazu, ihren deutschen Gästen die Auswahl durch eine Übersetzung zu erleichtern. Ihre Speisekarten demonstrieren nicht nur durch den geschwungenen Strich den durch 1918 und 1945 wohl gestählten Nationalstolz. Auch verheddert man sich bereits bei den Vorspeisen hoffnungslos in den Fängen der fremden Sprache. Da es in den französischen Restaurants leider keine Nummern gibt, mit denen man das gewünschte Essen bezeichnen kann, bleibt einem nichts anderes übrig, als zu versuchen, Amuse-Gueule korrekt auszusprechen. Einmal für uns beide »Amuuuhs-Gäul«, sage ich siegesgewiss. Doch das gute Gewissen, das ich dabei empfinde, das Gewünschte (was auch immer sich dahinter Essbares verbirgt) in der Originalsprache bestellt zu haben, schlägt sofort in tiefe Scham um, wenn der Kellner näselnd korrigiert: »Zweimal Amüühs-Geulll, sehr gerne, Monsieur.« Falls man gar nicht weiterweiß, kann man sein schlechtes Gewissen angesichts mangelhafter Sprachkenntnis auch öffentlich dadurch demonstrieren, dass man dem Kellner die Karte schräg hinhält und mit dem Finger bekräftigend auf jene Speise deutet, die man gleichzeitig eher leise hinzunuscheln versucht.

Das eigentliche, große Problemthema jedoch ist der Wein. Es ist ein Problem in jeder Art von Restaurant, doch Pizzerien und Chinesen und Bistros machen es einem leicht, da sich die Auswahl der offenen weißen und roten Weine meist nur auf zwei Sorten beschränkt. Äußert man dann bei der Bestellung möglichst ohne Zögern den entschiedenen Wunsch nach einem halben Liter von der einen der beiden Alternativen, so kann man bei mancher Begleitung Souveränitätspunkte sammeln. Französische Restaurants hingegen zeichnen sich leider meist durch sehr gute und lange Weinkarten aus. Ein erstes blümerantes Gefühl stellt sich ein, wenn man einen offenen Wein bestellt, obwohl das Angebot an Flaschen ungefähr zwölf Seiten auf der Weinkarte ausmacht. Man denkt dann, dass der Kellner spätestens jetzt erkannt hat, dass man ein Banause ist. Ein wirklich schöner Auftakt wird es aber erst, wenn man einen offenen Wein ordert, vorzugsweise einen Bordeaux, weil man allein den fehlerfrei aussprechen kann, dieser Bordeaux aber ausgetrunken ist. In diesem Moment der Unsicherheit greift man dann gerne zu jenem Wein, den man am zweitbesten aussprechen kann. Doch messerscharf bohrt sich die Rückfrage des Kellners in unser Gehirn: »Das ist aber, anders als der Bordeaux, ein besonders lieblicher Wein, wollen Sie den wirklich?«

Wahrscheinlich, so ahnt man, hat man beim Wechsel von dem einen zu dem anderen Wein ohnehin längst seine weintechnische Orientierungslosigkeit demonstriert. Um nicht jeglichen Respekt des Kellners (und der Begleitung) zu verlieren, hilft in solchen Fällen nur ein sehr bestimmtes: »Ja, sehr gerne.« Man muss dann so tun, als sei man im Grunde sehr froh, dass der Bordeaux gerade ausgegangen ist, ja, als habe man sich fast geschämt, solch einen volkstümlichen Wein zu wählen, der nun gewählte jedoch genau das sei, was dem eigenen, speziellen Geschmack eigentlich am besten entspräche. Einige Sekunden lang wird man sich unglaublich ärgern, kein Weinkenner zu sein, man wird sich fragen, ob man es noch lernen kann, man wird sich ärgern, dass man es zu Hause nicht gelernt hat, man wird sich fragen, wie es all die anderen gelernt haben, die so tun, als sei es die selbstverständlichste Sache der Welt, zu wissen, ob der Jahrgang 1985 ein guter oder schlechter war. Ist diese Seite des männlichen Selbstbewusstseins bereits auf diese schöne Weise angeknackst, muss nur noch aus dem Lautsprecher des Restaurants sanfte Schmusemusik ertönen, damit man voll des schlechten Gewissens innerlich ergänzt: Und gut tanzen kann ich auch nicht. Warum nur wollen alle Frauen heutzutage, dass man Weine kennt, tanzen kann und wunderbar kocht? Wollen die Frauen eigentlich, dass wir nur noch aus schlechtem Gewissen bestehen? Sollte ich nicht eigentlich sogar ein schlechtes Gewissen dafür haben, dass ich sie zum Essen ausführe, anstatt für sie zu kochen? Und vielleicht isst sie gar nicht gerne Französisch?

Kommen wir nun zu einer verschärften Übungseinheit: Das Bestellen einer ganzen Flasche Wein. Wie sehr ärgere ich mich in diesem Moment, dass ich den Weinführer, den mir Onkel Fritz vor vier Jahren zu Weihnachten schenkte, nicht gelesen habe, ich fühle mich schlecht, Onkel Fritz gegenüber, mir selbst gegenüber, weil ich keine Ahnung habe, und der Freundin gegenüber, weil sie das offenbar längst gemerkt hat. Anders als bei einem offenen Wein ist es nämlich bei einer Flasche unweigerlich notwendig, sich mit seiner Begleitung auf eine Sorte zu einigen. Da eine solche Einigung nicht nur wegen der unterschiedlichen Geschmäcker, sondern auch wegen der unterschiedlichen Essensbestellungen eigentlich völlig unmöglich ist, bietet sich hier dem schlechten Gewissen ein fast unendliches Betätigungsfeld. Es beginnt mit dem Basisschuldgefühl gegenüber der Haute Cuisine im Allgemeinen und dem besorgt oder irritiert dreinblickenden Kellner im Besonderen, wenn man Rotwein zu Fisch bestellen möchte oder Weißwein zum Reh. Zwar liest man inzwischen immer wieder in den bedeutenden Benimmführern wie *Vogue*, *Modern Living* und *GQ*, dass diese strikten Weingebote längst der Vergangenheit angehören. Aber diese Artikel sind genauso häufig und genauso wirkungslos wie jene Artikel, die verkünden, dass es in diesem Jahr besonders in ist, nicht gebräunt zu sein, sondern mit dezenter Blässe zu glänzen. Doch auch im 21. Jahrhundert gilt: Vor seinem inneren Gewissen, seinem Spiegel und seinen Mitmenschen handelt man nur dann richtig, wenn man gut gebräunt Weißwein zum Fisch trinkt.

Aber langsam. Noch haben wir ja gar keinen Wein. Zunächst einmal also müssen wir uns auf die Farbe einigen. Gut trainierte schlechte Gewissen fühlen sich bereits bei der Frage, was sie essen wollen, bedrängt von der Frage, ob der andere dann den dazu passenden Wein auch mag. Darf ich also Fisch bestellen, obwohl meine Liebste nur Rotwein trinkt? Denkt sie gar, ich wollte sie zum Weißwein überreden, wenn ich Fisch bestelle? Oder, für Fortgeschrittene (und Verliebte): Denkt sie, wenn ich Reh bestelle, ich würde das nur tun, damit sie problemlos Rotwein bestellen kann? Oh, what a wonderful world. Es ist, bei Lichte besehen, ein Wunder, dass Paare trotz dieser eigentlich unauflöslichen semantischen Probleme der Speisenwahl in der Regel jeden Abend irgendwann tatsächlich zum Essen kommen. Nehmen wir also einmal an, sowohl diese Abstimmungsschwierigkeiten als auch das Sprachproblem sind gelöst – dann beginnt der Spaß erst richtig. Der Kellner kommt und schenkt einen Schluck zum Probieren ein. Nach meinem dilettantischen Vorspiel weiß eigentlich sowohl der Kellner als auch meine Begleitung, wie lächerlich es ist, von mir eine fachkundige Auskunft zu erhalten. Dennoch nehme ich das Glas, schwenke es, wie ich es an den Nachbartischen gesehen habe, überlege, woran man wohl Korkgeschmack erkennt, und halte kurz meine Nase schnüffelnd hinein. Dann nehme ich einen Schluck und sage jovial: »Sehr gut.« Das ist ein sprachlicher Automatismus, meine Geschmacksnerven sind dabei eigentlich ausgeschaltet. Erstens traue ich mir nicht wirklich zu, Korkgeschmack vom vollen, warmen, zimtenen, erdigen Geschmack eines gut gelagerten Rotweins zu unterscheiden. Zweitens weiß ich, dass mein schlechtes Gewissen, wenn ich den Kellner mit diesem Wein zurückschicke, so groß sein wird, dass ich den danach angebotenen Wein auf jeden Fall nehmen werde, obwohl er sicher teurer ist und weniger gut schmeckt. So sage ich sofort »Sehr gut« und versuche, mein schlechtes Gewissen während des Essens etwas zu entspannen, damit es sich bis zum Bezahlen wieder erholt hat. Nur einmal noch wird es kompliziert: Wenn der Kellner abdeckt und etwas irritiert auf den noch halb vollen Teller blickt. Kellner wissen, dass sie jedwede Kritik an der Kochkunst ihres Restaurants durch eine Aktivierung des schlechten Gewissens im Keim ersticken können. Die Aktivierungsfrage lautet: »Hat es nicht geschmeckt?« Derjenige, der es fertig bringt, darauf ungerührt »Nein« zu antworten, erhält von mir die Tapferkeitsmedaille der Bundesrepublik Deutschland am Bande. Besonders groß übrigens ist die Peinlichkeit, wenn man das Gefühl hatte, alle glubschigen Meeresfrüchte so geschickt unter dem großen Kopfsalatblatt versteckt zu haben, dass der Teller eigentlich leer gegessen aussah. Fragt dann der Kellner mit messerscharfem Blick: »Die Meeresfrüchte waren nicht recht?«, hilft nur noch der Hinweis auf eine Erkrankung oder Allergie, um dem Kellner seinerseits ein schlechtes Gewissen zu verpassen und sich mit aller

Konzentration auf die Ankunft der Rechnung vorzubereiten.

Kommt die Rechnung, beginnt eine sehr komplizierte Kopfrechenaufgabe. Irgendwo habe ich gelernt, zehn Prozent Trinkgeld zu geben, ab einer bestimmten Summe sollen es sogar fünfzehn Prozent sein. Da ich schon zehn Prozent bei krummen Rechnungssummen kaum ausrechnen kann, bleibe ich grundsätzlich dabei und versuche, irgendwie souverän auszusehen, wenn ich meine Kopfrechenaufgabe beendet habe. Der Kellner kann nicht wissen, dass ich mich gerade wieder fühlte wie in der Mathematikstunde. Mitunter, das merke ich an der Miene der Kellner, habe ich mich dabei verrechnet. Doch denke nun keiner, das Gefühl, zu viel gegeben zu haben, lasse ein trainiertes schlechtes Gewissen unberührt. Wirkt es vielleicht zu großkotzig, dass ich so viel Trinkgeld gegeben habe? Fühlt sich der Kellner erniedrigt durch meinen allzu großzügigen Umgang mit dem Geld? Denkt er nun: Für das Trinkgeld, das der Typ mir so bedenkenlos gibt, muss ich normalerweise zwei Stunden hart arbeiten? Hätte ich nicht lieber etwas für *Brot für die Welt* spenden sollen?

Beim Herausgehen sieht man, wie der Herr am Nachbartisch, der ebenfalls gerade gehen will, seiner Begleitung formvollendet in den Mantel hilft.

Übung: Wir gehen in ein französisches Restaurant und lassen uns vom Kellner alle Speisen ins Deutsche übersetzen, wenn er ein Wort nicht weiß, lassen wir ihn zum Nachfragen in die Küche gehen. Wir sagen ihm dann, dass uns alles nicht zusage. Dann lassen wir uns drei besonders teure Rotweine öffnen und erklären jedes Mal, der Wein schmecke nach Kork. Dann bestellen wir ein Glas Wasser und zahlen passend.

7. Heute kaufe ich dem Mann mit den Rosen keine Rose ab

Sehr häufig treten im Restaurant auch jene Personen an den Tisch, die einem kleine hässliche Metallanstecker, meist Bart Simpson, aufs Tischtuch legen, daneben ein Zettelchen mit dem Hinweis, dass sie leider taubstumm sind. Dann schauen sie einem kurz, aber intensiv in die Augen, und die Qual, selbst hören und sprechen zu können, ist während der Minuten, in denen der Taubstumme seine Gaben mechanisch verteilt und anschließend wieder einsammelt, so groß, dass an fast allen Tischen aus Solidarität mitgeschwiegen wird. Verlassen die Taubstummen den Raum, hört man das ganze Restaurant aufatmen und zu sprechen beginnen – nun muss man sich nicht mehr dafür schämen, funktionierende Stimmbänder und Trommelfelle zu haben. Die taubstummen Präsenteverteiler sind für das schlechte Gewissen die härteste Prüfung. Komischerweise kommt auf der Skala der mobilen Gewissensprüfungen nicht die Zigeunermutter mit ihrem kleinen Sohn vor, bei der in der Regel nur deshalb ein schlechtes Gewissen entsteht, weil man sie im Kopf nicht Sinti-und-Roma-Mutter nennt. Auch die Stehgeiger weißrussischer oder mazedonischer Herkunft kann man, weil in der Regel schon genug andere in den ersten Tischreihen Geld gegeben haben, ohne allzu große Gewissensbisse mit ihrem geöffneten Hut vorbeiziehen lassen.

Auf wohl bereiteten, aber komplizierten Gewissensboden fallen hingegen die pakistanischen Rosenverkäufer. Bei ihnen handelt es sich neben den Flöte spielenden kolumbianischen Fünfergruppen aus deutschen Fußgängerzonen um die zweite Gruppe ausländischer Nischenbewohner mit hohem Spezialisierungsgrad. Da sie jedoch nicht wie ihre Kollegen aus Kolumbien durch bloßes Vorbeigehen ignoriert werden können, sondern bewusst den Kampf Mann gegen Mann, Auge in Auge im Restaurant suchen, nehmen sie im sensiblen Gewissen eines Restaurants besuchenden Mitteleuropäers einen nicht unbeträchtlichen Raum ein. Dabei ist der Fall insofern interessant und ungewöhnlich, als die pakistanischen Rosenverkäufer gar nicht betteln, sondern ein Geschäft vorschlagen – ganz ähnlich dem Zeitungsverkäufer, dem man merkwürdigerweise ganz ohne schlechtes Gewissen, ja sogar mit einer gewissen Unhöflichkeit begegnen darf, wenn er abends in den Lokalen der großen Städte die Zeitungen des nächsten Tages anpreist. Im Grunde ist das Angebot der stumm hoch gehaltenen Zeitung vom nächsten Tag genauso ignorierbar wie das Angebot des stumm hoch gehaltenen Rosenstraußes – aber es ist etwas völlig anderes. Es ist in diesem Falle noch nicht einmal kompliziert durch den Umstand, dass es sich bei dem Pakistani in der Regel um einen Ausländer handelt. Das Gewissen wird vielmehr durch das seltsame Gemisch aus Geschäft und Romantik herausgefordert, das sich im scheinbar harmlosen Rosenstrauß verbirgt. Eigentlich ist es ja gar keine schlechte Geschäftsidee, abends um elf Uhr in romantischen Restaurants jungen Paaren die Romantik durch romantische rote Rosen verschärfen zu helfen. Und wie sonst soll man abends um elf Uhr auf die Schnelle an rote Rosen kommen, wenn nicht durch die mobilen romantischen Einsatzkommandos?

Aber vielleicht liegt genau darin das Problem: Man will, wenn man der Dame seines Herzens oder seines zukünftigen Herzens schon eine rote Rose schenkt, auch ein wenig Aufhebens um den Erwerb machen. Sie soll also eigentlich denken, ich sei extra für diese Rose durch die halbe Stadt geradelt, um beim besten Gärtner ein wunderbares Exemplar mit Tautropfen auf den Blättern für sie zu erstehen. Der Rosenverkäufer raubt der Beschenkten also nicht nur die Illusion einer wie auch immer gearteten Beschaffungsromantik. Er raubt ihr vor allem die Illusion, dass der Mann, der ihr gegenübersitzt, vielleicht auch schon vor Beginn des Rendezvous darüber nachgedacht hat, ihr Blumen mitzubringen. Wer um elf Uhr nachts die Nachhilfe eines pakistanischen Rosenverkäufers braucht, der macht sich gegenüber der Beschenkten des Verdachts schuldig, vorher keine Zeit für romantische Gedanken gehabt zu haben und nun auf die Schnelle noch Argumente für seine eigenen Liebhaberqualitäten aufzufahren, um die Nacht nicht alleine verbringen zu müssen. Es ist in etwa so, als säße man mit seiner Angebeteten auf einer Parkbank, und ein höflicher Pakistani käme vorbei und verkaufte einem einen Zettel, auf dem »Ich liebe deine blauen Augen« steht, den man ihm abkauft und dann der Angebeteten mit treuem Augenaufschlag überreicht. Der Rosenkauf im Restaurant ist etwas für Freunde des Outsourcing: Es reicht doch, wenn ich die Romantik geliefert bekomme, wenn ich sie mal brauche. Doch vor allem ist der Rosenkauf im Restaurant etwas für Menschen mit starken Nerven. Denn in dem Moment, in dem man dem Pakistani bedeutet hat, dass sein Satz »Schöne Blume für schöne Frau?« einen auf eine gute Idee gebracht hat, ist man für etwa zwanzig Sekunden einer anstrengenden Prozedur ausgesetzt. In der Regel nämlich zeigt die Frau in jener Sekunde, in der man in Richtung Pakistan Kaufinteresse signalisiert hat, Stresssymptome und bedeutet entweder unterhalb des Tisches durch Tritte oder oberhalb des Tisches durch Dehnübungen der Augenbrauenmuskulatur, dass ihr dies alles sehr peinlich sei und sie jetzt hier auf diese Weise und überhaupt keine Rose geschenkt bekommen wolle. Pakistan hat in diesem Moment hingegen die Verkaufsverhandlungen mit mir durch die Ansage eines astronomischen Preises für eine einzelne Rose längst aufgenommen – das Sträuben der Frau quittiert er mit einem wissenden Blick gegenüber dem Käufer, der signalisieren soll: Erst sträuben sie sich, dann freuen sie sich doch. Den Blick kann der Käufer meist nicht wahrnehmen, weil er sich mit der schnell zu klärenden Frage beschäftigt, ob er den horrenden Preisvorschlag des Verkäufers annimmt oder den Weg der Preisverhandlung wählt. Entscheidend bei dieser Wahl ist die Frage, welche Nachwirkungen ihm am unangenehmsten sind: Wer den temporeichen, teuren Weg wählt, findet es erträglicher, die Sache möglichst schnell hinter sich zu bringen, möglichst, ohne dass es zu viele andere Gäste des Restaurants bemerken, und dafür nimmt man auch die Romantik verdüsternde Frage seiner Angebeteten in Kauf, ob eine Rose denn so viel kosten müsse. Wer den zähen Weg wählt, zahlt zwar einen faireren Preis, ist am Ende aber in der Regel der doppelt Dumme. Eine Preisverhandlung im Restaurant wird von allen anderen Gästen und der Angebeteten keinesfalls als Anzeichen eines kühl rechnenden Verstandes, sondern als schwäbische Knausrigkeit ausgelegt, in den Blicken der Umgebenden liest man: Weiß der denn nicht, dass die armen Pakistanis ohnehin nur Bruchteile des Geldes bekommen und der Rest in die Hände ihrer mafiösen Bosse fällt? – Interessanterweise übrigens greift diese Besserwisserei erst an dem Punkt, an dem ein anderer in Preisverhandlungen mit Pakistan eintritt, nicht aber zwei Minuten vorher, als sie selbst Pakistan mit angestrengter Ignoranz bedeutet hatten, ihren Tisch zu verlassen.

Der Rosenkäufer geht also aus der Preisverhandlung immer moralisch geschwächt hervor. Wer es mit einer psychologisch gut ausgebildeten Angebeteten zu tun hat, der wird aus ihren Blicken anschließend die bohrende Frage lesen: Kannst du denn selbst bei einer romantischen Frage wie einer Rose nicht einmal fünf gerade sein lassen, für mich jedenfalls ist diese runtergehandelte Rose nichts mehr wert, weil offensichtlich ich es dir noch nicht einmal wert bin, einmal fünf Mark für eine Rose auszugeben. Außerdem finde ich es ohnehin peinlich, dass DU hier vor allen Leuten eine Rose kaufen musst, ich muss jetzt so tun, als freute ich mich, sonst denken die, wir hätten Probleme und du würdest mir die Rose nur schenken, weil du eigentlich ein schlechtes Gewissen hast. Apropos: Warum schenkst du mir eigentlich die Rose, du warst heute schon den ganzen Abend so komisch ...

Rosenverkäufer	Er	Sie	Preis
5 Mark, Sonderpreis für schöne Frau!	3 Mark?	Wie peinlich! (vermittelt durch Tritte oder Blicke)	5 Mark
7,50 Mark, besonders schöne Rose!	5 Mark ist ein fairer Preis!	Bin ich dir nicht mehr als 5 Mark wert? (beleidigte Augen)	7,50 Mark
Eine Rose für die Dame?	Nein, vielen Dank	Wie schade! (traurige Augen)	5–7,50 Mark

Fälle, in denen der Kauf einer Rose von einem mobilen pakistanischen Rosenverkäufer ohne irgendwie geartete Prügelstrafen für das Gewissen über die Bühne gegangen sind, sind bisher nicht bekannt. Falls die Dame sich nämlich tatsächlich freut, darf man davon ausgehen, dass sie dann zunächst ein schlechtes Gewissen hat, weil sie die Bedienung um eine Vase fragen muss, dann die Rose dort hineinstellt und beim Aufschließen der Wohnungstür merkt, dass sie die Rose vergessen hat und von nun an die ganze Liebesnacht lang ein wenig darüber nachdenkt, dass der Rosenschenker hoffentlich nicht merkt, dass sie die aus Liebe geschenkte Rose aus Vergesslichkeit in der Vase hat stehen lassen. Zum Glück wissen die Frauen noch nicht, dass die Rosenschenker das nie merken würden.

Übung: Wir gehen in ein Restaurant und fragen, bevor wir die Getränke bestellen, den Ober verschwörerisch, ob denn hier auch einer dieser netten Rosenverkäufer vorbeikomme. Diese Frage wiederholen wir alle halbe Stunde. Kommt der Rosenverkäufer endlich zur Tür herein, springen wir auf und begrüßen ihn per Handschlag. Wir teilen ihm daraufhin lautstark mit, dass wir keine Rosen kaufen wollen. Dann spielen wir ihm auf unserer mitgebrachten Gitarre ein Lied vor und halten ihm einen Hut hin.

                Gutenberg
              Luisenplatz 4
             64283 Darmstadt
    1   2   14.01.2003

Fischer TB.15696 Illies.Anl.Unschuld.
3-596-15696-3   2   9.00

                         DEM   EUR
ZW-SUMME   17.60   9.00
Bar   17.60   9.00

MWST-BRUTTOUMSATZ   9.00
7.00% MWST 2   0.59
   NETTOUMSATZ   8.41

    Vielen Dank für Ihren Einkauf!
BON-NR   / UHRZEIT /   KASSIERER
 7443   13:16   1
Es bediente Sie
    Kassierer1

8. Heute bleibe ich einen Tag zu Hause

Morgen bleibe ich zu Hause. Morgen nehme ich einen Tag frei. Das klingt für Naive wie die Ankündigung zum eintägigen Erholungsaufenthalt im Paradies. Kenner wissen, dass es ein Tag in der Hölle sein wird. Denn der freie Schultag oder der Tag, an dem die Vorlesungen ausfielen oder Inventur war oder ein Feiertag, das waren früher Jubeltage, Tage des savoir-vivre, des glücklichen Rumgammelns, des Nichts-tun-Müssens, der Leichtigkeit des Seins. Davon ist leider nichts geblieben. Längst wissen wir um die Unerträglichkeit solcher Tage. Wer heute einen freien Tag nimmt, muss sich auf das Äußerste gefasst machen.

Ein solcher Tag kann zum Beispiel dadurch beginnen, dass man schon im Morgengrauen die Bekanntschaft mit einer der Berufsgruppen macht, die nicht zu wissen scheint, was ein schlechtes Gewissen ist: Handwerker. In der Regel beginnt ein Tag, an dem man sich zu Hause entspannen wollte, damit, dass gegen halb sieben in der Nachbarwohnung oder im Hof Handwerker Presslufthämmer anwerfen oder lange metallene Stangen auf den Boden fallen lassen. Dieses Tun verlangt zudem offenbar immer eine sehr lautstarke Kommentierung seitens der Handwerker. Sehr beliebt ist diese Uhrzeit auch bei Fahrern von städtischen Reinigungswagen und bei den Müllmännern, die immer wieder ihre schnaubenden orangefarbenen Lastkraftwagen abbremsen, um dann mit aufheulendem ersten Gang loszufahren und acht Meter weiter wieder mit vollem Stoßdämpfereinsatz zum Stehen zu kommen. Dazwischen demonstrieren die Müllmänner, wie man mit einer Plastikmülltonne innerhalb einer Minute möglichst viel Lärm machen kann: Idealerweise rollt man die Tonne über das Kopfsteinpflaster, dann wird lautstark mit dem Kollegen, der den Wagen lenkt, herumgeschrien oder gepfiffen, anschließend mit drei ohrenbetäubenden Anläufen versucht, die Mülltonne in den Wagen einzuhängen. Der Wagen selbst entleert die Tonne dann auf Anhieb, hebt dann aber in der Regel – weil es so schön laut war – noch einmal die nun leere Tonne an, um sie nach der sinnlosen Wiederholung dieses Vorgangs mit voller Wucht, Lärm und Freude wieder auf den Asphalt zurückzuschleudern.

Noch schöner ist das Entleeren von Altglascontainern, das in der Plötzlichkeit des Lärms alle anderen Lärmarten in den Schatten stellt. Müllabfuhren und die Firmen, die Glascontainer entleeren, scheinen in allen deutschen Städten ausschließlich und immer morgens zwischen halb sieben und halb acht aktiv zu sein. Man fragt sich ja manchmal, was die Müllabfuhr und Glasentsorger ab halb acht so machen, aber gut. Sagen wir also, der freie Tag zu Hause beginnt mit der Erkenntnis, dass andere ein sehr kümmerlich ausgebildetes schlechtes Gewissen haben.

Aber das ist nur die eine Möglichkeit – die andere ist schöner, weil masochistischer: Wichtig ist dabei, dass man sich keinen Wecker stellt, denn nur so wacht man ohne Fremdeinwirkung auf. Wacht man früher auf, als man das wollte, kann man ein schlechtes Gewissen vor sich selbst bekommen, weil man nicht mehr in der Lage ist, auch nur einen Tag lang auszuschlafen, so sehr ist man im eigenen Arbeitsrhythmus gefangen. Verbreiteter jedoch ist das schlechte Gewissen, wenn man zu lange geschlafen hat. (Für Kenner: das ungute Gefühl, erst aufzuwachen, wenn am ersten Weihnachtsfeiertag oder zu Ostern der Rest der Familie bereits vom Gottesdienst nach Hause kommt.) Aber dieses Schuldgefühl greift auch an jedem anderen beliebigen Wochenende. – Sehr schön ist auch das Gefühl, wenn man noch um zehn Uhr im Hotel mit der Liebsten im Bett liegt und von draußen das Zimmermädchen klopft und aufräumen will und man verzagt zurückruft: »Noch nicht«, was im Ausland verschärft wird durch mangelnde Sprachkenntnisse, wo man dann unhöflich »No« rufen muss oder einen Hustenanfall simuliert, damit das Zimmermädchen vorläufig Reißaus nimmt, und damit sie nachher nicht verärgert ist, sondern Mitleid hat, empfiehlt es sich, sehr viele Taschentücher und Medikamente auf das Nachttischchen zu stellen, da auch im Ausland eine Erkältung als strafmindernd angesehen wird. – Aber auch ohne Zimmermädchen ist es kompliziert genug, man hat ja immer sein eigenes Gewissen dabei. Ist man am Abend zuvor so lange aus gewesen, dass man sich nicht mehr erinnern kann, wann und in welchem Zustand man ins Bett gefallen ist, entsteht die schöne Form des prophylaktischen rückwirkenden schlechten Gewissens: Man ahnt, dass man sich gestern Abend danebenbenommen hat, weiß aber nicht, wie, weiß auch nicht, wie man es rausbekommen soll, und schämt sich deshalb schon mal vorsorglich. Aber auch an einem freien Tag ohne abendlichem Vorspiel kann man mit unguten Gefühlen aufwachen. Hauptanklagepunkt: Ich hatte doch so viel vor, und nun schlafe ich so lange, dass ich die ganzen Dinge nicht mehr schaffe, die ich mir vorgenommen hatte. Das ist ein schöner Auftakt für einen geglückten Tag. Dann frühstückt man, und dabei kann man kaum ans Frühstücken denken, da man permanent daran denkt, nicht zu hektisch, also wie üblich zu frühstücken, denn schließlich soll das ja heute die Ausnahme sein, aber zugleich will man auch nicht zu ausgiebig frühstücken, da man ahnt, dass man sich ärgern wird, wenn man an diesem Tag zu wenig geschafft bekommt. Dieses Dilemma, bestehend aus Erholungsanspruch und Erledigungsdruck mit beidseitig lauerndem schlechten Gewissen, ist die Garantie für einen missglückten Tag. Man könnte auch sagen: Hat man unter der Woche einen Tag frei, dann läuft den ganzen Tag lang im Hinterkopf eine sehr zähe Bundestagsdebatte über das Recht auf Faulheit. An einem solchen Tag versucht man, aus Fehlern früherer freier Tage und aus missglückten Wochenenden zu lernen, und räumt sofort das Frühstücksgeschirr weg. Das ist zwar einerseits richtig, weil man gelernt hat, dass ein schöner Tag zu Hause eine aufgeräumte Wohnung braucht, zugleich ist das so frühe Beginnen mit Ordnungsaktionen auch sehr gefährlich. Denn es öffnet dem weiteren Ordnungs- und Sortierungswahn Tür und Tor. Wer erst einmal an irgendeiner Stelle mit dem Aufräumen begonnen hat, der kann alle anderen Pläne für den freien Tag ad acta legen. Denn das Problem ist, dass man ja mit Vorsätzen an diesen Tag herangegangen ist, und der erste Vorsatz lautet: sich Zeit nehmen für Dinge, die sonst in der Hektik der Woche untergehen. Also etwa Schönheitspflege, Reinigung, Getränkemarkt, neue Lampe aussuchen. Und entdeckt man dann den Stapel der unerledigten Post, den Berg zu stopfender Socken oder die Liste der zu tuenden Dinge auf der Pinnwand in der Küche, nimmt das Unheil seinen Lauf. Man beginnt etwa damit, den Stapel der Post und Rechnungen aus den letzten zwei Wochen durchzugehen, und merkt schnell, wie gut es war, den Stapel so lange unberührt gelassen zu haben. Eine sehr lästige Studienfreundin lädt für Samstagabend zu ihrer Geburtstagsparty ein, und bislang hatte man die Entscheidung, ob man zähneknirschend hingeht oder mit irgendeinem Vorwand absagt, aufgeschoben. Doch nun gesteht man sich selbst keinen weiteren Aufschub zu, weiß man doch, dass die Lust nicht steigen wird mit weiterem Abwarten und vor allem dass man sich nie mehr so viel Zeit für die Entscheidung nehmen kann wie an einem freien Tag. Dann öffnet man den Brief der GEZ und, weil man doch noch nicht sofort entscheiden will, ob man am Samstag zur lästigen Studienfreundin geht, beginnt zu lesen: Haben Sie auch alle Ihre Rundfunkgeräte angemeldet? Sie wissen sicherlich, dass Sie vom Gesetzgeber verpflichtet sind, nicht nur Fernseher, sondern auch Radiogeräte etwa im Hobbykeller oder in der Küche anzumelden ... Liest man dann noch den Hinweis, dass man in jedem Falle antworten müsse und, falls man wahrheitswidrige Angaben mache, juristisch belangt werden müsse, weil die GEZ jederzeit zur Überprüfung der Angaben einen Blitzbesuch abstatten dürfe, dann gesellt sich zur lästigen Studienfreundin im Hinterkopf noch ein zweites schönes und nicht mehr zu löschendes schlechtes Gewissen hinzu. Idealerweise findet sich in einem der anderen Briefe noch die Monatsabrechnung für die Kreditkarte. Normalerweise hat man keine Zeit, die Angaben genau zu lesen, und man heftet das Blatt ab oder legt es auf irgendeinen Stapel. Heute jedoch liest man und wundert sich. So viel Geld im Restaurant El Pinto? So viel Geld bei H&M? Ob das alles wirklich nötig war? Glückspilze finden an solchen Tagen auch noch einen Werbebrief auf ihrem Stapel. Darauf steht in gelber Schrift: »Bestehen Sie den Schreibtisch-Test?« Wäre ein normaler Tag und normale Hektik, würde man den Werbebrief trotz oder wegen des dringlichen Aufdrucks »Persönlich! Wichtige Dokumente« mit den Werbebriefen für Fernsehreparaturdienste, den kostenlosen Stadtteilzeitungen mit Berichten über Brun-

neneinweihungen und den drei Pizzaservicebuntkopien in den Papierkorb werfen. Heute aber ist ein freier Tag. Und da öffnet man einen solchen Umschlag und liest:
– Suchen Sie oft nach Akten und Unterlagen?
– Räumen Sie jede Woche Ihr Büro auf?
– Bauen Sie ständig lästige Papierberge ab?
– Verpassen Sie schon einmal Termine oder Fristen?
– Finden Sie manchmal Unterlagen auf Ihrem Schreibtisch, die dort schon wochenlang schlummern?
– Tun Sie oft Dinge, die zwar dringend, aber nicht wirklich wichtig sind?
Wenn Sie mehr als zweimal innerlich Ja sagten, dann ...

Dann kann ich mir eigentlich nur überlegen, ob ich gleich anfange, mich voller Gram und Selbsthass aufs Sofa zu verziehen, oder ob ich vorher noch schnell die leeren Flaschen runterbringe, weil ich mir das seit zwei Monaten vorgenommen habe und ahne, dass ein erneutes Verschieben zu bleibenden Gewissensschäden führen würde. Ich frage mich auch kurz, ob ich jetzt ins Sonnenstudio gehen sollte, wie ich es mir eigentlich für diesen Tag vorgenommen hatte, beschließe dann aber, das doch lieber im Schutze der Dunkelheit zu tun. Ich überlege, ob ich jetzt vielleicht lieber einmal die Tante anrufen soll, der ich seit vier Wochen nicht für das Weihnachtsgeschenk gedankt habe, oder die lästige Studienfreundin, entscheide dann aber, dass ich das doch besser später erledige. Denn noch ist es zu früh, und es könnte sein, dass die Freundin noch schläft. Als ich das letzte Mal eine solche Feier absagen wollte, rief ich an einem Sonntagnachmittag einen alten Freund an, der sehr verschlafen ins Telefon sprach, er habe Nachtdienst gehabt und sich gerade ein wenig hingelegt. Sofort bekam ich ein schlechtes Gewissen dafür, ihn aus dem wohl verdienten Schlaf gerissen zu haben, und ich konnte ihm nicht absagen, sondern sagte zu. Aus gutem Grund gilt es als verwerflich, andere durch Anrufe zu unmöglichen Zeiten aufzuwecken, und deshalb hofft man, wenn man selbst geweckt wird, dass der Anrufer am anderen Ende der Leitung sich mächtig schlecht fühlt. Noch nie über solche Möglichkeiten nachgedacht haben hingegen die Telefondamen von Handwerksbetrieben: Wenn morgens um sieben das Telefon klingelt, dann weiß man, dass man jetzt erfährt, dass in drei Wochen das Bett geliefert oder in vier Wochen der Anstreicher kommt. Manchmal sagte ich, weil ich besonders verärgert war, meinen Namen besonders verschlafen ins Telefon. Doch die Stimmlage, die Freunde verschreckt hätte, interessierte die Dame vom Malerbetrieb überhaupt nicht. Wahrscheinlich weiß diese Dame, wenn sie noch nicht einmal die Schuld des Weckens kennt, auch nichts von der Schuld jener, die einschlafen können, während die anderen wach liegen. Wer jemals auf Klassenfahrten oder in Krankenhäusern in Mehrbettzimmern lag, weiß, dass der Neid auf Mitmenschen niemals so große Züge annimmt wie in jenen Stunden des unruhigen Umherwälzens, in denen man, gleichsam zum Spott, vom Nachbarbett das gleichmäßige Atmen eines problemlos schlafenden Menschen hört. Leider schlafen diese Menschen, sonst wüssten sie, dass sie sich schämen sollten, aber dummerweise sagt ihnen das keiner.

Vielleicht hat man Glück und wird aus diesen trüben Gedanken über die Schuld des Schlafens und Schlafenlassens durch das Klingeln an der Tür herausgerissen. Als man die Tür öffnet, ahnt man, wie gut es ist, dass man ansonsten tagsüber nicht zu Hause ist. Dem Klischee nach müssten in solch einem Fall zwei Männer in Anzügen von C&A vor der Tür stehen, die einen fragen, was für ein Verhältnis man zu Gott hat. In Wirklichkeit klingeln aber Menschen an der Tür, deren Anliegen wesentlich unwichtiger sind. Plötzlich ist man selbst der Dumme, der hoffte, man bekäme Besuch, bis man merkt, dass man nur die Tür des Mietshauses geöffnet hat, weil unten ein Prospektverteiler alle Klingeln gedrückt hat und nur reinwollte, um seine sinnlosen Prospekte möglichst dreifach in jeden Briefkasten zu stecken. Man wartet zwei lange Minuten, bis man merkt, dass man keinen Besuch bekommt. Bekommt man doch Besuch, wird es in der Regel kompliziert: Der Nachbar will wissen, ob man nächste Woche die Blumen gießen könne, der Paketbote klingelt und fragt, ob man ein Paket für den Mann im Erdgeschoss annehmen könne, und der Hausverwalter klingelt und mahnt an, dass man seinen Balkon nun doch mal aufräumen müsse, es werde schließlich Sommer und alle anderen Balkone seien so schön gepflegt, nur dieser eine sei so voll gestellt, und es sei im Sinne des ganzen Hauses, dass man sich endlich einmal eine Stunde Zeit zum Aufräumen nehme. Nachdem der Hausverwalter gegangen ist, klingelt es wieder. In diesem Fall ist es ein Mann, der entweder Bürsten verkaufen oder Scheren schleifen will. Da schon unsere Eltern überfordert waren, wenn diese Menschen vor der Tür standen, sehr viele Ausweise mit großen Stempeln vorzeigten und darauf hinwiesen, dass diese Arbeit für Beschäftigung in Behindertenwerkstätten sorge, haben wir dieses Schuldgefühl übernommen. Sicherlich haben auch wir eine Schere oder ein Messer, das geschliffen werden müsste, und eine neue Gemüsebürste brauchen wir auch, und außerdem scheint es uns für unser Gewissen insgesamt schonender, diesem Mann irgendetwas abzukaufen, als nachher zwei Stunden auf dem Sofa sitzend darüber nachzudenken, ob es richtig war, ihn so harsch an der Tür abzufertigen. Schließlich ist heute unser freier Tag und da hat man zu viel Zeit zum Nachdenken. Also kaufen wir Bürsten und lassen unsere Messer schleifen und fühlen uns dadurch ein kleines bisschen besser, aber eben auch nur ein kleines bisschen. Man sieht meist, nach Beendigung der guten Tat, dass man sich keineswegs so gut fühlt, wie man hoffte. Dieses Gefühl ist besonders stark nach dem Besuch von ehemaligen Gefängnisinsassen, die einem ein Dutzend Ausweise präsentieren und dann darum bitten, eine Zeitschrift zu abonnieren. Ich kenne Hausfrauen, also die Generation meiner Mutter, die solch ein schlechtes Gewissen vor dem armseligen Leben dieser Zeitschriftendrücker haben, die sich diesen Blicken so schlecht widersetzen können, dass sie erst nach dem Abonnieren von zwei Fernsehzeitschriften, von *Merian*, *Mein schöner Garten* und *Geo* den Mut hatten, im fünften Jahr dem fünfundzwanzigsten ehemaligen Gefängnisinsassen zu erklären, sie hätten keinen Bedarf mehr an weiteren Zeitschriften, es täte ihnen Leid. Die weltweit einmalige Abonnementzahl von Zeitschriften, die es in Deutschland gibt, ist mit hoher Wahrscheinlichkeit eine Folge der millionenfachen Angst deutscher Hausfrauen vor dem schlechten Gewissen, wenn sie die Tür vor ehemaligen Gefängnisinsassen zuschlagen würden.

Dennoch: Als wüsste man nicht, welches Unheil durch spontanes Zuhausebleiben und Türöffnen entstünde, ist man oft so naiv, an dem freien Tag, den man sich genommen hat, jene Menschen nach Hause einzuladen, die man nicht abends treffen will. Ein idealer Kandidat ist der Versicherungsvertreter. Niemand hat uns in unserer Jugend den richtigen Umgang mit Versicherungsvertretern gelehrt, und wenn wir dann mit Anfang zwanzig plötzlich von einem grau melierten Herrn angesprochen werden und nicht wissen, wie es um unsere Rente steht, dann schaut er uns betreten an, wir bekommen ein schlechtes Gewissen und haben das Gefühl, bereits sehr viel versäumt zu haben. Sitzen diese Versicherungsvertreter erst einmal bei uns auf dem Sofa, dann ist man eigentlich schon verloren, dann hat man quasi schon unterschrieben. Irgendwie haben sie die Nummer herausgefunden und rufen im Büro an und fragen: »Passt Ihnen mein Besuch am Donnerstag um 14 Uhr 30?« Das ist die subtile Taktik der Vertreter:

Man überlegt automatisch, ob der Zeitpunkt passt, die Frage, ob man überhaupt die Person treffen will, gerät völlig in den Hintergrund, man bringt nicht den Mut auf, zu sagen, man habe kein Interesse, außerdem hat man ein etwas schlechtes Gewissen, sich bislang nie richtig um seine Versicherungen gekümmert zu haben – und dieses schlechte Gewissen aktiviert der Versicherungsvertreter durch seinen Anruf. Man arrangiert einen Termin, meist an dem einzigen freien Tag, den man sich genommen hat, und dann beginnt der freundliche Herr mit seiner Fragestunde: Wollen Sie im Alter frei von Sorgen sein? Wollen Sie sich Ihre finanzielle Unabhängigkeit bewahren? Man ist diesen Menschen und ihren Kenntnissen über das gefährdete Rentensystem in Deutschland ebenso ausgeliefert wie Hausbesitzer dem Mann, der an der Tür klingelt und ihnen sagt, dass ihr Öltank höchstwahrscheinlich bald durchroste, wenn sie ihn nicht sofort aufwendig von innen reinigen ließen. Der Versicherungsvertreter also wird es einem sehr rasch plausibel machen, dass die nun angepasste Versicherung zwar künftig 300 Mark mehr im Monat kostet, aber wir haben das sichere Gefühl, ansonsten nur völlig unzureichend gegen unsere Berufsunfähigkeit oder einen Wasserrohrbruch abgesichert zu sein. Das Schöne an den Besuchen von Versicherungsvertretern ist, dass man sie einlädt, um das schlechte Gewissen zu bekämpfen, nicht ordentlich versichert zu sein, und dass man, schließt man die Tür hinter ihnen, nahtlos übergehen kann in das nächste schlechte Gewissen, hier vielleicht Geld für eine völlig überflüssige Versicherung investiert zu haben. Daran könnte sich bei versierten Schuldigen noch das Gefühl anschließen, dass man sich schämen muss, nicht selbst so gut im Versicherungswesen Bescheid zu wissen und früher nie zugehört zu haben, als die Eltern davon redeten, dass man sich selbst orientieren kann. Inzwischen ist es schon drei Uhr geworden, und da wir immer noch nicht zu Mittag gegessen haben, weil es zu Hause leider keine Kantine gibt, überlegen wir kurz, etwas zu kochen, stellen dann aber beim Blick in den Kühlschrank fest, dass nur Nudeln, aber keine Sauce mehr da ist und gehen deshalb aus der Tür, um einzukaufen. Ohnehin müssen wir uns kurz vom Blick in den Kühlschrank erholen, denn der Kühlschrank ist der geheime Ort, an dem das gute sehr nahe beim schlechten Gewissen liegt, ja, im Kühlschrank gibt es Fächer des stolzen guten Gewissens, die binnen zweier Tage zu den verschämten Stätten des schlechten Gewissens werden können. So geschieht es leider immer wieder, dass man von Einkäufen am Markt mit dem Vorsatz heimkehrt, heute oder spätestens morgen ein besonders köstliches, besonders frisches Essen zu kochen. So landen dann etwa Fenchelgebilde, Gurken oder auch Auberginen im Einkaufskorb und anschließend im durchsichtigen unteren Rausziehfach des Kühlschranks. Am ersten Tag erinnert man sich noch daran, dass man gefüllte Auberginen machen wollte, doch weil es schnell gehen muss, macht man sich ein Wurstbrot. Am zweiten Tag erblickt man die Auberginen und beginnt, ungute Gefühle zu entwickeln. Ab dem dritten Tag bekommen die Auberginen Druckstellen, und man selbst sieht geflissentlich über sie hinweg, wenn man die Tomaten aus dem unteren Rausziehfach fischt, obwohl diese viel spätere Neuzugänge sind. Auch in den oberen Fächern des Kühlschranks lauern viele kleine schlechte Gewissen, Fehlkäufe, getätigt aus Selbstüberschätzung und beschwingtem Optimismus, Kaperngläser, die niemand mag, und Nussjoghurt, den man dann doch lieber nicht probieren möchte. Irgendwann haben dann diese kleinen Freuden ihr Haltbarkeitsdatum überschritten, und man entsorgt sie verschämt in den Mülleimer. Und zwar derart verschämt, dass man bei dieser Prozedur nicht noch extra auf die Feinheiten der Mülltrennung eingehen kann. An unserem freien Tag zu Hause erblicken wir also die angedetschte Aubergine, den jenseits aller Haltbarkeit siehe Bodendeckel befindlichen Nussjoghurt und die eingeschweißten Hähnchenschenkel, die wir letzte Woche braten wollten – und schließen ganz, ganz schnell die Tür, damit wir nicht allzu traurig werden. Gegen zu viele wunde Punkte im Kühlschrank hilft nur die Linderung durch Nachkauf.

Beim Weg zum Supermarkt fällt mir auf, dass der Hunger zu groß ist und das Kochen zu lange dauert, man schließlich nicht den ganzen freien Tag in der Küche verbringen will, und deshalb beschließe ich, doch schnell eine Pizza essen zu gehen. Ich hätte mir natürlich auch eine Pizza vom Pizza-Service bringen lassen können, doch es ist immer eine arge Gewissensqual, den armen Bringer die vier Stockwerke hochlaufen zu lassen und ihm dann dabei zuzusehen, wie er quälend langsam den Styroporkarton öffnet und dann die Pizza entnimmt, und es ist immer peinlich, da genau in diesem Moment die Nachbarn mit einem Korb voll frischer und gesunder Dinge vom Markt nach Hause kommen und ich mir immer denke, dass sie nun denken, ich sei so verlottert, dass ich nicht einmal mehr selbst etwas kochen könne, sondern mir das Essen nach Hause bringen lasse, das sei ja doch, so denken die Nachbarn in meinem Kopf, sehr armselig. Vor diesen Gedanken bewahrt einen der Gang in die Pizzeria, dort müssen die Ober auch nicht zehn Kilometer und vier Stockwerke überwinden, sondern nur den Weg vom Ofen bis zum Tisch, da muss man nicht ein allzu schlechtes Gewissen haben, wenn man nur eine Margherita nimmt. Deshalb also in die Pizzeria. Beim einsamen Essen der Pizza haben wir dann genug Zeit, uns der Frage zu widmen, ob es nicht wirklich armselig ist, dass wir es an unserem freien Tag nicht einmal fertig bringen, uns etwas selbst zu kochen. Anschließend wollen wir in den Supermarkt gehen, doch es ist Mittwochnachmittag, und der Supermarkt hat zu. Wir können nun kurz überlegen, ob wir mit dem Wagen zum Supermarkt im Stadtzentrum fahren, aber dann beschließen wir, dass wir uns unseren freien Tag nicht durch stundenlanges Stehen im Stau kaputtmachen lassen wollen. Schließlich ist bald Rushhour, und bevor wir gar nichts geschafft bekommen an diesem Tag, gehen wir lieber nach Hause. Im Hof laufe ich dann noch einmal an meinem platten Fahrrad vorbei, an dem ich zwei Wochen lang sehr große Freude hatte, doch dann wurde das Hinterrad platt, und nun steht es seit Monaten dort und ist allmorgendlich eine stille Anklage, weil es so gerne repariert werden würde und ich zugleich ahne, dass ich es nie reparieren werde, ich es jetzt hier so wochenlang vor sich hin gammeln lasse, bis ich zu Pfingsten einen Fahrradausflug plane, dann werde ich es in den Fahrradladen bringen und lügen, ich hätte das Loch nicht gefunden, und dann werde ich ganz schnell wieder gehen und mich schämen, dass ich noch nicht einmal mehr ein Fahrrad reparieren kann. Dann muss man nur noch einmal die Schmach ertragen, das Fahrrad abzuholen, und der Mann im Laden sagt einem, das sei nur ein ganz einfaches Loch gewesen, das hätte man auch selbst reparieren können, dann murmele ich etwas von »keine Zeit«, zahle und radele glücklich nach Hause, bis ich vier Wochen später wieder durch eine Glasscherbe fahre und das ganze Trauerspiel von vorne losgeht. Davon erzählt das platte Rad im Hof, während ich im Mund noch die letzten Reste des Pizzabelags schmecke. Zu Hause angekommen, überfällt mich ein postpizzales Müdigkeitssyndrom, ich lege mich kurz aufs Sofa, doch schon während ich liege, ahne ich, dass es nicht gut ist, den ganzen freien Tag zu verschlafen, vor dem Einschlafen bewahrt mich ein Blick auf einen Papierstapel neben dem Sofa. Ich erinnere mich, dass ich hier vor kurzem einige wichtige Schriftstücke deponiert habe. Als ich die Fernsehzeitung, die auf dem Stapel liegt, entferne, entdecke ich einen gelben Post-it-Zettel, auf dem jemand – ganz offensichtlich ich selbst – vor zwei Wochen notiert hat: Unbedingt morgen erledigen. An

Schlaf ist nun nicht mehr zu denken, wenn ich diesen Stapel des schlechten Gewissens durchforste. Nach dem ersten Durchsehen erscheint mir jede Aufgabe zu aufwendig, als dass ich sie in der verbleibenden Zeit dieses angebrochenen Tages erledigen könnte. Doch dann entdecke ich in dem Stapel eine freundliche Mahnung meiner Steuerberaterin, dass ich vor Monaten meine Steuererklärung hätte abgeben müssen, sonst drohe eine Geldbuße. Kurz schießt mir eine Ladung Adrenalin durch Kopf und Glieder und schenkt mir eine unwohlige schwüle Wärme. Ich gehe ins Schlafzimmer, wo ich unter dem Bett in zwei großen Kartons alle Steuerunterlagen gehortet habe und alles, was ich dafür halte. Zunächst versuche ich es mit Durchblättern, doch schon nach wenigen Sekunden wird klar, dass hier nur die große Lösung helfen kann. Ich nehme also die beiden Kartons und leere sie auf dem Boden des Wohnzimmers aus. Der Zettelkram wirkt undurchdringlich bis abweisend, und es braucht alleine zwanzig Minuten, bis man die richtigen Kategorien gefunden hat, nach denen man das Großchaos in einzelne Kleinchaoshaufen ordnet. Dabei fällt einem wieder auf, dass man auch in diesem Jahr vergessen hat, sich jeden Zeitungskauf quittieren zu lassen, man grämt sich, wie nachlässig man das Geld aus dem Fenster wirft, auch hätte man wahrscheinlich rechtzeitig damit anfangen sollen, sich alle Bücher zu notieren, die man kaufte, und wo ist eigentlich die Rechnung für den Computer, den ich mir letztes Jahr kaufen musste, nachdem mein alter mit einem kleinen Knall seinen Geist aufgegeben hatte.

Beim Blick in die Kontoauszüge zeigt sich dann auch, dass ich monatlich tatsächlich weiterhin 80 Mark dafür zahle, Mitglied in einem Fitnessstudio zu sein, das ich nie besuche. Zu dem schlechten Gewissen, hier Monat für Monat Geld aus dem Fenster herausgeworfen zu haben, gesellt sich das schlechte Gewissen, es schon wieder nicht geschafft zu haben, seinen inneren Schweinehund zu bekämpfen und zweimal die Woche ins Fitnessstudio zu gehen. Obwohl ich inzwischen beim Treppensteigen schon so meine Probleme habe und obwohl ich mich so geärgert habe, als ich gestern auf der Straße wieder sah, wie der Nachbar schon vor dem Frühstück seine Runden drehte und unverschämt fröhlich grüßte. Dieser Blödmann.

Wenn man so zwischen den siebzehn verschiedenen Kleinchaoshaufen sitzt und sich fragt, warum man eigentlich im vergangenen Jahr so egoistisch war, schon wieder nichts für wohltätige Dinge zu spenden, warum man stattdessen im September 1999 fast fünfhundert Mark bei H&M ausgegeben hat und warum man diese Rechnung überhaupt aufgehoben hat, klingelt das Telefon. Am Apparat ist David, der im Büro erfahren hatte, dass man heute einen Tag zu Hause ist. Da man David die letzten beiden Male abwimmeln musste und man diesmal allein durch die Tatsache, dass man zu Hause ist, keinen Stress vorschieben kann, redet man diesmal besonders lange mit ihm. Er sagt: »Super, so ein Tag zu Hause, da kriegt man endlich mal so richtig viel geschafft.« Gerne würde man schon in diesem Moment voller Selbsthass den Hörer auf die Gabel knallen, aber man lässt das Ganze noch dreißig Minuten lang weitergehen. Mit »Nun muss ich aber mal weitermachen!« versucht man, das Gespräch zu beenden, was der andere mit dem freundlichen Hinweis quittiert, man müsse einen solchen Tag zu Hause doch auch ein bisschen genießen und einmal alle fünfe gerade sein lassen. Vielen Dank. Als ich ihm zu erklären versuche, dass ich langsam ein schlechtes Gewissen bekäme, weil ich noch gar nichts auf die Beine gebracht hätte an diesem Tag, antwortet er, dass er bei so etwas gar kein schlechtes Gewissen habe. Er habe ohnehin, so scheine es ihm, für gar nichts mehr ein schlechtes Gewissen. Früher hätte er wenigstens immer ein schlechtes Gewissen dafür gehabt, dass sein Großvater ein großer Nazi gewesen war. Aber das sei vorbei. Heute hätte er höchstens ganz manchmal ein schlechtes Gewissen dafür, dass er kein schlechtes Gewissen mehr dafür habe. Das sei, so erkläre ich ihm, ein sehr interessanter Punkt, aber nun müsse ich leider wirklich loslegen, tschüss.

Es geht inzwischen auf fünf Uhr zu, und damit mir an diesem Tag doch noch einmal eine Sache gelingt, koche ich mir eine Tasse Kaffee. In den Wohnzeitschriften, vor allem in *Modern Living*, aber auch in den Kaffee-Werbespots, die einem das entspannte Leben beibringen wollen, würde man sich nun ein kleines Tablett nehmen und mit der Tasse Kaffee ins Wohnzimmer gehen. Dort würde man sich auf das Sofa legen, das Tablett stünde auf dem kleinen, flachen panasiatischen Holztisch, auf dem ein paar Schirmer-Mosel-Bildbände liegen, eine gestreifte Schale mit exotischen namenlosen Früchten und sonst nichts. Aus der Bang-und-Olufsen-Anlage käme leise das »Köln Concert« von Keith Jarrett, und durch die luftigen Gardinen fiele sanftes Sonnenlicht auf den honigfarbenen Parkettfußboden, auf dem sich eine schwarze Katze räkelte. Man würde die feine Porzellantasse ganz ordnungsgemäß am Henkel fassen, sie dann zum Mund führen und einen kleinen Schluck nehmen und »Mmmmmmmh« sagen. Dann würde die Musik lauter werden, und eine Stimme aus dem Off würde sagen: »Nescafé ist dabei« oder »So muss Kaffee schmecken« beziehungsweise »Jacobs Krönung mit dem Verwöhnaroma«.

Aber nein. Zu unserem eigenen Kummer finden wir im Wohnzimmer vor lauter Kleinchaosstapeln gar keinen Platz, um den Kaffeebecher abzustellen. Die Stereoanlage ist kaputt, und man kann nur noch Radio hören. Nachdem einem der eine Sender alle zwölf Sekunden »Die besten Hits der siebziger, achtziger und neunziger und das Beste von heute«, der andere »Die größten Megahits aller Zeiten« und der dritte wieder »Die allergrößten Hits der achtziger und neunziger und das Allerbeste von heute« anbietet, schaltet man das Gerät aus Angst vor Gehirnerweichung wieder aus. Auf dem kleinen Tisch liegen keine Schirmer-Mosel-Bildbände, sondern die *TV Spielfilm* und die *Bilder-und-Zeiten*-Ausgaben der letzten drei Samstage, die man dringend einmal lesen wollte. Statt exotischer Früchte liegen auf dem Teller nur vier abgelutschte Kirschkerne und zwei eingetrocknete Äpfel, die unschöne halb faulige Kleinpfützen am Tellerboden hinterlassen. Durchs Fenster fällt das graue Nachmittagslicht eines unentschlossenen Spätwintertages, das keine Chance hat, sich im Teppichboden zu spiegeln. Und wenn man den ersten Schluck Kaffee nimmt, denkt man im Geiste »Iiiih, so muss Kaffee nicht schmecken!«, weil die Milch fehlt. Man macht sich also noch einmal auf in die Küche, knipst das Flurlicht an, merkt, dass sich das Flurlicht nicht anknipsen lässt, weil die Birne kaputt ist, ärgert sich, dass die Birne nun schon seit mindestens zehn Tagen kaputt ist, ärgert sich noch mehr, dass man immer noch keine neue Birne gekauft hat, noch nicht einmal heute, an dem freien Tag, obwohl ein solcher Tag doch eigentlich für so etwas da sein sollte, was habe ich eigentlich den ganzen Tag gemacht?, kommt in der Küche an und ärgert sich weiter, als man, mit der Milch in der Hand, wieder durch den dunklen Flur ins Wohnzimmer zurückgeht, man fragt sich, ob man, wenn man so viel zu tun hat, Steuererklärung, einkaufen und so weiter, eigentlich so in aller Seelenruhe seinen Kaffee trinken kann, dann stellt man die aufgerissene Milchpappschachtel auf den Tisch neben einen anderen Kleinchaosstapel und versucht, die Stehlampe anzuknipsen, deren Schalter sich immer irgendwo unter dem Sofa versteckt. Als man sich etwas runterbeugt, um im Dunkeln am Kabel entlangzutasten, bis man den Schalter findet, kommt man mit der Ferse unglücklich an die Milch, die daraufhin umfällt und sich tragischerweise schluckweise auf die Einkommensteuererklärung 1999 ergießt. Beim Rennen in die Küche jagt einem der dunkle Flur noch einmal kurz das Glühbirnenkaufversäumnis als Mahnung ins schlechte Gewissen, dann wischt man mit den drei Lappen, die man geholt hat, mühselig die Milchlache zwischen den Papierstapeln zusammen und versucht, gleichzeitig die einzelnen Papiere aus der Milch zu ziehen, die sich wie ein feiner Film um die Lohnsteuerkarte und die Abrechnung für zwei Fachbücher gelegt hat.

Ich ziehe meine mühsam geordneten Papiere aus der Milchlache und muss mit Schrecken darüber nachdenken, dass der Steuerbeamte mir in diesem Jahr alle Abzüge streichen wird, wenn ihm der Geruch von alter, fauliger Milch in die Nase steigen wird. Vor allem jedoch muss ich darüber nachdenken, dass ich meinen einzigen freien Tag damit zubringe, das mühsam hergestellte Ordnungsgefüge in meinen Unterlagen für das Jahr 1999 durch einen einzigen Liter Milch wieder völlig in Unordnung zu bringen. Beim Blick auf die Uhr sehe ich, dass ich langsam die Kontrolle über diesen Tag verliere. Ich habe weder die Tante angerufen noch die lästige Studienfreundin, ich habe die Einkommensteuererklärung nicht geschafft, die Glühbirne nicht ausgewechselt und keine Rechnungen bezahlt. Ich bin nicht zum Einkaufen gekommen und auch nicht ins Sonnenstudio, von der Erholung ganz zu schweigen. Oh Gott, ich wollte mich doch erholen! Wobei das Sonnenstudio ein gefährliches Ziel ist für einen Tag, an dem man ohnehin schon die ganze Zeit gegen das schlechte Gewissen ankämpfen muss. Besonders schlimm ist es im Sommer, wenn draußen die Sonne scheint und man es tatsächlich wagt, ein Sonnenstudio zu betreten. Die Hauptsorge ist, jemanden beim Betreten des Studios zu treffen, den man kennt. Aber auch wenn es regnet oder kalt ist oder schneit, hat das Sonnenstudio noch einiges zu bieten – so darf man sich schon immer dann wieder ein kleines bisschen schuldiger fühlen, wenn man nicht die Schutzbrille mitgenommen hat, um seine Netzhäute vor den Strahlen zu schützen, und was mit der Haut geschieht, das will man lieber auch nicht wissen. Spätestens, wenn man das dritte Fünfmarkstück in den großen Automaten wirft, spürt man dann auch wieder die Frage im Nacken, ob sich dieses Geld wirklich lohne, ob nicht auch diesmal, wie all die letzten Male, schon nach zwei Tagen nichts mehr zu sehen sein wird von der ganzen Bräune.

Es gehört also ein gewisses Selbstbewusstsein dazu, sich an seinem freien Tag ins Sonnenstudio zu begeben, heute fehlt mir beim Blick auf die Milchlachenblätterberge im Wohnzimmer die Kraft dazu – und so schalte ich lustlos den Fernseher an. Aus solch lustlosem Einschalten entwickelt sich in Sekundenschnelle ein lustloses Weiterzappen und gleichzeitig ein genauso lustloses Nichtaufhörenkönnen. In Wohngemeinschaften und in Beziehungen wird dieses sinnlose Glotzen oft bereits im Vorhinein mit dem defensiven Satz »Ich guck nur mal kurz ein bisschen rein« entschuldigt. Wenn man jedoch allein ist, fehlt jedwede Disziplinierung von außen, und man hat sich nur vor sich selbst versündigt, wenn man so viele sinnlose Schnipsel von Talkshows, Quizshows, Actionfilmen und Familienserien gesehen hat, dass, wenn man nach zehn Minuten auf die Uhr guckt, schon zwei Stunden vergangen sind. Dann rennt man los, um doch noch schnell wenigstens Glühbirnen und frische Milch zu kaufen, doch auf dem Weg fällt einem ein, dass man gar nicht mehr genug Geld hat. Deshalb noch schnell zum Geldautomaten, die Schlange vor dem Automaten ist lang, man sieht, wie der Apparat im Akkord Geld ausspuckt. Ist man dann endlich dran und hat vierstellig gepiepst, kommt in unguten Fällen die Karte plötzlich wieder rausgeschossen. Da man nicht auf das Display geguckt hat, vermutet man einen Irrtum, lächelt kurz die Wartenden in der Schlange an und tippt noch einmal die Geheimzahl ein, weil man denkt, dass man wohl die falsche Ziffernfolge eingegeben hatte. Diesmal nimmt man sich auch vor, nicht wieder auf die Bausparplakate an der Wand zu schauen, sondern die Augen fest aufs Display zu richten. Pieppiep. Piep. Piep. Piiep. Das war aber dann doch keine so gute Idee. Denn dort erscheint der Hinweis: »Verfügungsrahmen zurzeit überschritten«. Wieder fluppt die Karte heraus, man steckt sie fast apathisch ins Portemonnaie, und beim Hinausgehen spürt man, wie sich die verächtlichen Blicke der Wartenden wie Messerstiche ins Herz bohren. Man trottet nach Hause, weder Sonnenstudio noch Glühbirne, noch Milch ist erwerbbar an diesem Abend, man überlegt, wen man am dezentesten anpumpen kann, öffnet missmutig die Tür, sieht den Anrufbeantworter blinken und drückt lustlos drauf: »Piiiiiiieeeep. Hier spricht deine Tante Hannelore, ich hatte ja gehofft, dass du dich mal zu meinem Geburtstag meldest, aber nun rufe ich eben selbst mal an, um zu hören, wie es dir geht. Piiiieeep. Hallo, hier ist Klaus. Ich wollte dich nur bitten, mir möglichst morgen die 200 Mark zurückzugeben, die ich dir vor zwei Wochen geliehen habe. Piiieeep. Guten Tag, hier ist Ihr Vermieter. Wir müssen uns dringend mal unterhalten. Ihre Nachbarn haben sich beschwert, dass Sie das Treppenhaus nutzen, um dort seit Monaten Leergut zu sammeln. Piiieep. Ende der Nachrichten.«

Anrufbeantworter sind keine gute Erfindung. Es sind Schlechte-Gewissen-Erzeugungsmaschinen. Im Laufe eines normalen Lebens zeichnen sie ungefähr vier wichtige schöne Anrufe auf. Der Rest ist mindestens überflüssig, in der Regel belastend, weil sich Rückrufpflichten daraus ergeben oder Schlimmeres. So stolpern wir zurück ins Wohnzimmer mit den milchgetränkten Kleinchaosbergen, als wir das Licht anmachen wollen, platzt die Birne mit einem lauten Knall. Ansonsten hatten wir immer, wenn die Birne im Wohnzimmer kaputt war, die aus der Flurlampe herausgedreht und dann in die Wohnzimmerlampe reingedreht, aber nun ist ja auch schon die Flurlampenbirne seit zwei Wochen kaputt. So sitzen wir im Dunkeln und lassen bei einem Schluck eiskalten Kaffee diesen Tag ohne Milch gemütlich ausklingen.

Übung: Wir nehmen keinen Tag mehr frei.

9. Heute gehe ich am Schild einer Zahnarztpraxis vorbei

Angeblich ist es ja für Ärzte in Deutschland verboten, Werbung zu betreiben, aber wundersamerweise sind die Arztpraxen dennoch immer voll. Die Ärzte wissen, dass sie auf ihre Laufkundschaft vertrauen können – und zwar im ursprünglichen Sinne des Wortes. Nur ein sehr kleiner Prozentsatz der Menschen geht wegen akuter Beschwerden zum Arzt. Ein viel häufigerer Grund ist das schlechte Gewissen. Man läuft also am Schild einer Zahnarztpraxis vorbei, und sofort beginnt das Gewissen zu nagen und spricht: Ich sollte eigentlich auch längst mal wieder zum Zahnarzt gehen. Ganz leicht äußert sich das auch abends bei der Fernsehwerbung für Zahnpasta. Neben diesem jederzeit abrufbaren Zahnarztschuldgefühl – es fehlt eigentlich nur in den drei Wochen nach dem letzten Zahnarztbesuch – gibt es auch noch das Gynäkologen- und das Urologenschuldgefühl. Es befällt einen sowohl beim Vorbeigehen an Schildern als auch besonders gern, wenn Arbeitskollegen erzählen, sie wären heute bei der Kontrolluntersuchung gewesen. Da müsste ich eigentlich auch dringend wieder einmal hin. Neu in diesem

Reigen ist das Hautarztschuldgefühl: Es entsteht bei jedem Blick auf die eigenen Leberflecke nach einem ausgiebigen Sonnenbad am Strand und immer dann, wenn Bekannte erzählen, sie hätten sich aus Angst vor Hautkrebs ein paar seltsam veränderte Hautflecke weglasern lassen. Die inneren Leiden sind weitaus wirkungsvoller als jeder Sonnenbrand.

Das Urgefühl ist und bleibt jedoch das Zahnarztschuldgefühl. Ja, mit dem Zahnarztschuldgefühl nähern wir uns einem der zentralen Punkte unseres Themas. Denn das dumpfe und ungute Pochen in der Gewissensgegend, das einen beschleicht, wenn man an der Zahnarztpraxis vorbeigeht, trifft präzise jene Beschreibung, die Karl Hörmann im *Lexikon der christlichen Moral* für das Gewissen gefunden hat: »Der Einzelmensch macht die Erfahrung, dass ihm bei verschiedenen Gelegenheiten ein Sollen bewusst wird, das unbedingt Erfüllung verlangt und ihn anklagt, wenn er nicht Folge leistet.« Spätestens wenn man dann tatsächlich auf dem Behandlungsstuhl sitzt, wird einem auch klar, was das Lexikon mit den »verschiedenen Gelegenheiten« meint. Denn wirklich bodenlos wird das schlechte Gewissen erst in dem Moment, wenn der Zahnarzt das erste Mal in den Mund schaut und Laute der Verwunderung und Verärgerung ausstößt. In diesem Moment wird uns ein ziemliches Sollen bewusst: Ich sollte mehr putzen und öfter zum Zahnarzt gehen. Zunächst schämen wir uns dafür, dass vielleicht gestern an der Salatsauce doch Knoblauch war, doch diese Sorge wird schon bald massiv in den Hintergrund gedrängt. Denn nach der Analyse von kleinen Löchern und Parodontose an den Schneidezähnen nutzt der Zahnarzt eine kurze Pause zu einem dringenden Appell: »Künftig sollten Sie regelmäßiger die Zähne putzen, junger Mann«, so spricht er dann, und man möchte im Boden versinken. Unklar ist zwar, ob ich in diesem Falle ein schlechtes Gewissen vor mir, dem Über-Ich oder dem Zahnarzt habe oder ob in diesem Falle der Zahnarzt das Über-Ich ist. Aber egal. Obwohl man es besser weiß, berichtet man pflichtschuldig, dass man sie sich dreimal täglich putzt – auch wenn einem dabei leider sofort qualvoll die zwei Mal in der letzten Woche einfallen, als man es abends vergessen hatte. Das ist auch der Moment, in dem man sich daran erinnert, am Sonntag vor dem Fernseher eine ganze Packung Toffifee aufgegessen, ohne danach die Zähne geputzt zu haben.

Verschreckt und aufgestört geht man dann nach Hause, mit vier Behandlungsterminen für die nächsten Wochen in der Tasche. Wenn man es der Freundin erklären muss, warum man in der nächsten Zeit so oft zum Zahnarzt muss, erzählt man ihr vor lauter schlechtem Gewissen, leider sei das Zahnmaterial in der ganzen Familie sehr schlecht, auch die Geschwister hätten damit zu kämpfen, schließlich putze man sich immer regelmäßig die Zähne. Diese Erklärung kann sich dann in zwei verschiedene wunderbare Richtungen fortentwickeln. Entweder sagt die Freundin: »Na, meiner Meinung nach putzt du dir immer viel zu kurz die Zähne, das wundert mich nicht, dass da überall Löcher drin sind« – vor lauter Scham angesichts der Steinbrüche im eigenen Mund wird man zwei Tage auf Zungenküsse verzichten und im vorauseilenden schlechten Gewissen außerdem vier Tage lang demonstrativ lange bei offener Tür morgens und abends die Zähne putzen, bis Blut kommt. Die zweite Möglichkeit findet, wie die meisten der schönsten Varianten, nur im eigenen Kopf statt, ist aber besonders pikant. Man erinnert sich nämlich, dass man soeben der Freundin gesagt hat, wie schlecht das familiäre Zahnmaterial sei, und nun beginnt man, sich ernsthaft Gedanken zu machen, ob sie sich es nun vielleicht doch überlegt, gemeinsame Kinder zu haben.

Übung: Wir schneiden aus einem Lehrbuch für Zahnmedizin die übelsten Farbfotos von Parodontose und Zahnfäule aus und kleben diese über die Etiketten des Nutella-Glases und der Colaflasche.

10. Heute fahre ich nach Italien und schäme mich dort dafür, Deutscher zu sein

Wer als Deutscher geboren wird, erfährt früh, dass das ein Problem ist. Als wir eine Schülerzeitung gründen wollten und uns kein Name einfiel, nannten wir sie *Reichsdeputationshauptschluß,* weil wir den gerade im Geschichtsunterricht durchnahmen und wir einen besonders ungewöhnlichen Namen haben wollten (und weil wir diesen albernen Namen damals offenbar witzig fanden). Als wir dann anfingen, zu den Läden in unserem Ort zu gehen, um Anzeigen für Clerasil und anderes einzuholen, lehnte der Besitzer des Fotoladens dies rundherum ab: »Kinder, ihr könnt das nicht wissen, aber im Namen des Reichsdeputationshauptschlusses sind im Dritten Reich schlimme Dinge geschehen. Überlegt euch das noch einmal mit dem Namen.« Ich weiß nicht, ob wir es damals noch wagten, zu widersprechen und dem Fotohändler zu sagen, dass es ein Wort und ein Beschluss von 1803 war, den er zu nationalsozialistisch fand. Ich glaube, wir schluckten es einfach, weil wir das erste Mal jene Augen gesehen haben, die Deutsche bekommen, wenn die Sorgenfalten sich fast auch über die Netzhaut erstrecken, weil Sorge besteht, dass irgendjemand vergisst, was im Dritten Reich unbestreitbar Schreckliches geschehen ist. Diese tief besorgten Augen des Fotohändlers, aus denen die Angst vor rechtsradikalen Umtrieben an unserer Schule sprach, lähmten uns derart, dass wir nicht nur diesen, sondern auch alle anderen möglichen Namen ablehnten und uns dann – am Tag vor dem Druckbeginn – für den selten doofen Titel *Ohne Worte* entschieden. Man kann das aber natürlich, wenn man mag, auch symbolisch sehen: wie das Heraufbeschwören einer drohenden Wiederkehr der Nazizeit am Ende nur noch Wortlosigkeit möglich macht. Wir trauen uns immer alles schreckliche zu – so wie der Besitzer eines Fotoladens in einer oberhessischen Kleinstadt glaubt, dass die Schülerzeitung der Gesamtschule nach einem Rassengesetz der Nationalsozialisten heißt, so glaubt auch gerne ein ganzes Land, dass im sächsischen Sebnitz der kleine Joseph Kantelberg-Abdullah von ausländerfeindlichen Jugendlichen ertränkt wurde und die ganzen Sebnitzer im Schwimmbad es im Grunde gut fanden, was da geschah, und deshalb zu dem Fall schwiegen. So unwahrscheinlich dieser Fall auch war und so unglaubwürdig die Mutter wirkte, die aus verständlichem Schmerz über den Tod ihres Sohnes offenbar nach einem Schuldigen suchte, so bereitwillig schrie daraufhin ein ganzes Land mit der Stimme der *Bild*-Zeitung: Mea culpa, wir sind fürchterlich, es ist unglaublich, dass dies wieder möglich ist in Deutschland. Auch Volker Schlöndorff fuhr zur Mutter und setzte sich auf die Couch und filmte das Fotoalbum der Familie ab, schaute betroffen und fühlte sich stellvertretend schuldig für das ganze Land. Und als die siebzehnjährige Elke aus Halle, die gelähmt im Rollstuhl sitzt, sich ein Hakenkreuz in die Backe ritzte und sagte, es seien Neonazis gewesen, glaubten ihr die Medien und die Menschen auch dies. Unser Schuldbewusstsein ist so groß, unsere Sehnsucht, uns ständig Asche aufs Haupt zu streuen, so masochistisch riesig, dass wir uns immer sofort für schuldig erklären, wenn etwas Fremdenfeindliches geschehen ist, niemals wieder soll uns vorgeworfen werden, wir schauten weg und hätten unsere Lektion nicht gelernt. Deshalb nun schauen wir immer hin. Diese Wachsamkeit geht so weit, dass unsere Gesellschaft auch all jene Dinge mit einem merkwürdigen Fluidum umgeben hat, die von den Nazis einmal gemocht wurden. Caspar David Friedrich etwa hatte lange Zeit allergrößte Probleme, weil bekannt war, wie sehr Hitler ihn geschätzt hat, von Richard Wagner ganz zu schweigen. Wer sich dazu bekannte, Wagner zu mögen, musste gleich im nächsten Satz mit sagen, dass er wisse, dass Wagners Werk im Dritten Reich missbraucht wurde. Sagte er dies nicht, durfte er nicht ohne Gewissensqualen weiter der Musik zuhören. Auch wer Caspar David Friedrich dennoch mochte, stand jahrzehntelang im Ruf, nicht kritisch genug mit der deutschen Vergangenheit umzugehen, und wer wiederum Werke eines Schmidt-Rottluff oder von Barlach ästhetisch kritisierte, musste sich den Vorwurf anhören, solche Ausgrenzung hätten die Nazis mit ihrer Ausstellung »Entartete Kunst« auch schon betrieben und man hätte eigentlich gedacht, damit sei es nun endgültig vorbei. Aus diesem Terror des guten Gewissens entstand ein verquerer Kulturkanon, in dem Werke von Künstlern, die von Nazis verfolgt oder geächtet wurden, automatisch als künstlerisch wertvoll galten. Und als hätte man noch immer nichts gelernt, aus diesen Verrenkungen des deutschen Bewusstseins, handelte man, als die DDR unterging, ähnlich: Die Dissidenten galten fortan nicht nur als die besseren Menschen (was sie wahrscheinlich waren), sondern auch als die besseren Künstler (was sie wahrscheinlich nur manchmal waren). Aus diesem deutschen Gedankenwahnsinn gab es schon früh nur eine Fluchtmöglichkeit – und das war das Ausland. Hätten auch die Westdeutschen, wie die Ostdeutschen, nicht die Möglichkeit gehabt, ins Ausland zu reisen, wäre wohl zumindest das halbe Land an akuter Autoaggression zugrunde gegangen. Aber Ausland ist natürlich nicht gleich Ausland. Reisen in Gebiete, die von Deutschland im Zweiten Weltkrieg annektiert, angegriffen oder überrollt wurden, aus denen Zwangsarbeiter rekrutiert und Gelder transferiert oder aus denen Spätaussiedler zu uns gereist sind, scheiden dabei aus. Das würde die heutige Übung unnötig verkomplizieren. Ideal ist eine Reise nach Italien. Spätestens seit Goethes italienischen Erweckungserlebnissen gehört es zu den Bußübungen eines geschlechtsreifen bundesrepublikanischen Großstädters, sich bei einer Tasse Cappuccino mit geschäumter Milch ein paar Minuten lang unter strahlender Sonne über die Unterschiede zwischen der deutschen und der italienischen Lebensart auszulassen. Wir treffen uns zum Jammern in Positano. Es ist der vielleicht bemerkenswerteste genetische Defekt im deutschen Erbgut, dass – egal ob Goethe oder Dürer oder Michael Schumacher – gerade die deutschesten Deutschen ihren nationalen Selbsthass am liebsten auf italienischen Piazzas ausleben. Selbst Theoretiker wie Hans Magnus Enzensberger und Praktiker wie Gerhard Schröder und Oliver Bierhoff sind davon befallen. Während Schröder allein durch die Art seines bräsigen Sitzens in dem Café in Rimini seine innenpolitische Position deutlich macht und Oliver Bierhoff von ungeordneten Gemüsemärkten in Mailand schwärmt und seine Liebe zum Süden und seine Irritation über deutsche geordnete Gemüsemärkte demonstriert, erklärte Hans Magnus Enzensberger schon 1959, wie es zu Schröder und Bierhoff kommt. Damals sitzt er vor den Toren Roms und schickt nach Deutschland einen Beitrag für den Sammelband *Ich lebe in der Bundesrepublik*. In seinem Text vergleicht Enzensberger die Situation in einem Kaffeehaus in Düsseldorf mit seinem italienischen Café Mazzini. Während er – beim Gedanken an Düsseldorf und also Deutschland – einen Film sieht, »der nie reißen wird und das Fürchten lehrt vor der Ewigkeit der Hölle«, lehrt Enzensberger der Blick ins italienische Café die Augenblicklichkeit des Paradieses. Und es ist schön zu lesen, dass selbst Enzensberger angesichts Italiens die romantischen Gäule ein klein wenig durchgehen: »Im Café Mazzini kann man flirten, streiten, Adorno lesen, Rock 'n' Roll spielen, Kaffee rösten lassen, einen Kontrakt abschließen, über die Dreifaltigkeit und die Boxkunst disputieren. Wir können in Sophias Busen blicken, ein Fass Wein oder ein Taxi bestellen, Gedichte schreiben, den Steuereinnehmer bestechen.« Und dagegen ein deutsches Kaffeehaus? Pah!

Die Törtchen-und-alte-Damen-Welt von Fortuna Düsseldorf verliert den direkten Vergleich gegen die Thekenmannschaft des Café Mazzini ungefähr 0 : 7. Allein der Siegeszug italienischer Lebensart in Form von Cappuccino, Espresso und Latte macchiato im Glas mit Serviette drum herum hat den Rückstand inzwischen auf 1 : 7 verkürzt. Zwischenzeitliche Wutausbrüche gegen die von Selbsthass geprägte deutsche Italien-Gefühlsduseligkeit von Rolf Dieter Brinkmann in seinem *Rom, Blicke* oder von Martin Mosebach in seiner Beschreibung der real existierenden Hässlichkeit italienischer Cafés zwischen Neonbeleuchtung, Mopedgeräuschen und Flipperautomaten hatten leider keinerlei Einfluss auf das deutsche Erbgut. Die erfolgreichste Werbung ist weiterhin die, die an »die italienischen Momente des Lebens« appelliert. Und wie tief diese Sehnsucht in den Genen sitzt, zeigte sich gleich nach der Wiedervereinigung am ersten gesamtdeutschen Kinoerfolg. Er hieß *Go, Trabi, Go*, und er handelte leider von nichts anderem als dem deutschen Selbsthass und der deutschen Italienliebe, die offenbar, anders als gehofft, hinter dem Eisernen Vorhang noch besser gediehen war als im allseits offenen Westen. Von mir abgesehen, so dachte und denkt jeder, sind die anderen Deutschen eigentlich sehr kleinbürgerliche, spießige Leutchen, die nie einmal fünfe grade sein lassen können, wie es die italienischen Leute so wahnsinnig gut können. All diese Sehnsucht nach der Ferne und all dieses Klagen über die Heimat sind nichts anderes als die tägliche, inständige und wimmernde Bitte darum, ein anderes Lebensgefühl kaufen zu können. Überall sonst auf der Welt sind alle irrsinnig entspannt, nur in unserem blöden Deutschland, so bilden wir uns gerne ein, gibt es die strengsten gesellschaftlichen Zwänge – sogar beim Thema Schönheitsoperation. Die schönheitsoperierten Kessler-Zwillinge geben zu Protokoll: »In den USA geht man lockerer damit um.« Die an den Lippen schönheitsoperierte Schauspielerin Anouschka Renzi sagt: »Mit dem Thema geht man hierzulande spießig um.« Oder, ganz klassisch, Iris Berben: »Was ich nicht mag, ist dieses Moralisieren in Deutschland.« Da es keine verbindliche Moral mehr gibt, kann man also selbst bei den absurdesten Diskussionen Pluspunkte sammeln, wenn man Deutschland als moralinsaure Hölle darstellt.

Das Paradies hingegen bleibt Italien. Schon jetzt hat jedes deutsche Dorf seinen *Italiener*, in dem man abends Gewissen schonend Pizza essen kann, während nebenan das Gasthaus »Deutsche Eiche«, die Kneipe »Zum Hirschen« oder die »Marktstube« wegen mangelnden Zuspruchs schließen muss. Mit der Pizza, so hofft man, bekommt man auch einen Teller Lebensgefühl serviert und mit dem Eisbein, so befürchtet man, deutsche Schwermut als Sättigungsbeilage. Die deutsche Sehnsucht nach dem Italienischen geht so weit, dass ich meinen selbstbewusstesten Moment erlebte, als ich nach einem zweiwöchigen Italienurlaub derart gebräunt war, dass mich vor der Eisdiele an der

Adria ein deutscher Lehrer mit gebrochenem Italienisch nach dem Weg fragte. Das gab mir Selbstbewusstsein für zwei Wochen. Wer je in Italien für einen Italiener, in Frankreich für einen Franzosen oder in Ungarn für einen Ungarn gehalten wurde, der musste mit Schaudern erkennen, dass das schlechte Gewissen dafür, leider Deutscher zu sein, dermaßen groß ist, dass man solch eine Verwechslung feiert wie Deutschland den WM-Sieg von 1954: Erst wenn man nicht mehr deutsch aussieht, so geht unsere absurde innere Logik, ist man befreit. Ähnlich dachte auch jener junge Mann, der in Bonn immer hellbraune Schuhe zum blauen Anzug und eine Ausgabe von *Corriere della Sera* unterm Arm trug, dies alles, so versicherte er, garantiere ihm großen Erfolg bei den deutschen Frauen. Da man eigentlich jedoch als Deutscher sehr selten für einen Italiener (und eher schon mal für einen Tschechen) gehalten wird, kann man die Sehnsucht nach Identitätsauflösung nur dadurch verwirklichen, indem man in Lokale geht, in denen besonders viele Einheimische sitzen. Dass in einem Lokal, in dem nur Italiener sitzen, diese einen selbst vielleicht als lästigen Störer empfinden könnten, dies kam noch keinem Deutschen je in den Sinn. Die größte Enttäuschung besteht darum darin, wenn man in einer »ursprünglichen« italienischen Trattoria als einziger Deutscher unter ganz vielen laut gestikulierenden Italienern sitzt und plötzlich die Tür aufgeht und ein deutsches Studienratsehepaar eintritt, mit Bauchtasche in Beige, Canon-Kamera, Merian-Reiseführer und einer Haut, ge-

gerbt von dreißig Jahren Studiosus-Reisen. Dass man selbst ebenso als Karikatur eines Deutschen zwischen den Italienern sitzt, kann man ja leider nicht sehen. Man sitzt also schlecht gekleidet am Frühstücksbuffet des Hotels und hat ein schlechtes Gewissen dafür, wie schlecht sich die anderen Deutschen kleiden. Italien ist voller Deutscher, die den anderen Deutschen nicht gönnen, in Italien zu sein, oder ihnen vorwerfen, typische Deutsche zu sein, ohne zu erkennen, dass sie selbst gerade wegen dieses Vorwerfens die typischsten Deutschen sind. Ich will meine Nationalität verleugnen, wenn ich sehe, wie lang die deutsche Schlange der Beschwerdeführer ist, die am Stand von TUI beklagen, dass ihr Bett zehn Zentimeter kleiner ist als im Prospekt angegeben (stehe aber selbst in der Schlange). Ich wende den Blick ab, wenn ich sehe, wie die Deutschen auf Mallorca Bier und Schnitzel bestellen (und ich Spaghetti Bolognese esse). Und ich spüre, wie nicht nur ich, sondern ein ganzes Land vor Stolz auf die eigene Toleranz kaum noch laufen kann, weil nun mit Gerald Asamoah ein Schwarzer für die deutsche Fußballnationalmannschaft spielt. Ach, was sind wir doch für ein modernes Volk (und, noch besser, endlich können wir auch bei Weltmeisterschaften gegen Mannschaften aus Afrika gewinnen, ohne dass wir ein schlechtes Gewissen haben müssen).

Am umweltgefährdendsten ist die deutsche Sehnsucht, undeutsch zu wirken, wenn es um die Sprache geht. Leider habe auch ich viel zu oft und viel zu früh so zu tun versucht, als könnte ich Italienisch. Aber das hat den Vorteil, dass man zu Hause weiter büßen kann. Der Buchtitel »Frauen, die Prosecco trinken« erfasst präzise das Gefühl jener Wohlfühldeutschen, die glauben, ihre Ausländerfreundlichkeit, ihre Lebensfröhlichkeit, ihre Weltgewandtheit und ihre Modernität alleine dadurch auszudrücken, dass sie statt Sekt ab sofort Prosecco trinken. (Funktioniert auch beim Digestif: »Machste mir 'nen Grappa, Alfredo?«) Da man Prosecco – wie den Grappa – nicht gänzlich falsch aussprechen kann, geht das weitgehend ohne Peinlichkeit über die Bühne. Weitgehend. Als einmal ein schrilles Damenduo mit weißgelber Kleidung, die man ansonsten auf der Terrasse bei Tennisturnieren in Stuttgart trägt, in aufgekratzter Stimmung zwei Gläser (sprich: »Gläschen«) Prosecco getrunken hatte, gab ihnen der Kellner eine Rechnung über 11 Mark 80. Daraufhin sagt die eine der Damen: »Mach dodici, Luigi.« Das klingt großzügig, aber auch auf Italienisch sind dodici nur zwölf Mark. Man kann noch sosehr sein Deutschsein zu verleugnen versuchen, bei der Höhe des Trinkgeldes verrät sich der Schwabe im Deutschen. Die schönste Blüte treibt die deutsche Sehnsucht nach italophiler Bestellsprache, wenn es um den Espresso geht. Nach neueren Untersuchungen in dem Buch *Was die Welt nicht braucht* gibt es genau acht verschiedene Arten, auf die in deutschen und italienischen Cafés zwei Espressos bestellt werden: 1. Due Espresso, 2. Due Espressis, 3. Due Espressi, 4. Due Espressos, 5. Zwei Espresso, 6. Zwei Espressi, 7. Zwei

Espressis, 8. Zwei Espressos. Leider jedoch wird jede dieser acht Formen mit demselben unerschütterlichen Selbstbewusstsein vorgetragen, sodass die Hoffnung klein bleibt, dass die Falschsager irgendwann von der Sprachpolizei ertappt werden und grüne Strafzettel hinter den Armani-Brillenbügel geklemmt bekommen. Doch wer erst einmal damit angefangen hat, darüber nachzudenken, der wird aus schlechtem Gewissen für all die falschen Espressobestellungen der Vergangenheit immer nur noch sagen: »Die Dame nimmt einen Espresso – und ich auch.«

Doch auch mit solchen Taschenspielertricks lässt sich das zeitversetzte schlechte Gewissen nie gänzlich unterdrücken: Man hat früher einmal in einem italienischen Restaurant etwas ausprobiert, was man selbst »Notschi« nannte, weil man sich dachte, das im Italienischen Worte mit »ch« oft wie »sch« gesprochen werden. Dass es aber eine Sonderregel gibt, die besagt, dass dieses »ch« in Worten wie »Gnocchi« hart wie ein »ck« gesprochen wird – das erfuhr ich, als ich zwei Jahre nach diesem Restaurantbesuch meine Freundin selbstverständlich darüber plaudern hörte, dass sie sich gestern Abend ein paar »Jnohcki« gekocht hätte. Ich hatte fortan ein schlechtes Gewissen für all die vergangenen Male, wo ich das Wort falsch ausgesprochen hatte oder im Geiste falsch gedacht hatte. Dies geht natürlich auch bei allen französischen Speisen – und auch etwa bei der Turnschuhfirma *Nike*, bei der sich zumindest bei mir auch erst vor zwei Jahren herumgesprochen hat, dass man das letzte »e«

wie ein »i« ausspricht – all die Jahre zuvor, als ich *Nike* eindeutschte, erscheinen mir nun im Rückblick schuldbewusst als Jahre der Peinlichkeit.

Die deutsche Liebe zu Italien übrigens ist interessanterweise durch nichts eintrübbar: Weder Mussolini noch Berlusconi gelang es, und sei es auch nur kurzfristig, die deutsche Liebe zur Weisheit des italienischen Menschen zu schmälern, obwohl eine Figur wie Berlusconi in der heimischen deutschen Politik für jeden Deutschen ein neuer und ernsthafter Grund sein könnte, sich im Ausland dafür zu schämen, dass man aus Deutschland kommt. Wenn es dereinst in jedem deutschen Eiscafé Venezia einen Eisbecher Mussolini und in der Pizzeria San Marco Tagliatelle Berlusconi gibt, die wir ganz selbstverständlich bestellen, dann werden wir noch immer zusammenzucken, wenn jemand Reichstag sagt. Das Ausland muss sich keine Sorgen um uns machen.

Ich weiß noch, mit welcher Irritation ich sah, dass der Taxifahrer in Italien mit mir immer wieder über die Fußballerfolge von Bayern München sprechen wollte. Ich entschuldigte mich mehrfach für alles Mögliche, für den Gewinn der Champions League und den bayernfreundlichen Fußballgott, doch nach einiger Zeit merkte ich, wie mich der Taxifahrer irritiert ansah: Er hatte mir etwas Nettes sagen wollen, denn er bewunderte Bayern München, und er hielt es für eine Form mitteleuropäischer Freundlichkeit, Menschen eines

Landes Komplimente für schöne Dinge aus ihrem Land zu machen. Es gelang mir nicht, ihm klarzumachen, dass das bei uns Deutschen nicht so einfach sei – auch weil ich, während ich nach den passenden englischen Worten suchte, selbst die Verbindung zwischen Holocaust und Zweitem Weltkrieg und der daraus resultierenden Scham über die Herrschaft Bayern Münchens über den Fußball Europas nicht mehr logisch einwandfrei herstellen konnte …

Übung: Heute gehen wir in das feinste italienische Restaurant unserer Stadt, ziehen uns Bundeswehrkleidung an, stellen uns mit unserer Familie vor das Buffet mit den gemischten Vorspeisen und singen die drei Strophen des Deutschlandliedes.

11. Heute laufe ich einen Tag durch die Stadt und treffe einen alten Klassenkameraden, an dessen Namen ich mich nicht mehr erinnern kann

Wir beginnen den Tag in der Stadt damit, unser Auto auf einem Platz abzustellen, von dem uns erst, wenn wir am Abend zum Auto zurückkommen, klar wird, dass es ein Behindertenparkplatz war. Ebenso geeignet ist ein Frauenparkplatz, auf dem man als Mann steht. Ideale Entfaltungsbedingungen hat das schlechte Gewissen, wenn man beim Öffnen der Autotür von einer älterer Dame angeschaut wird, die das ganze Ausmaß der Schuld erkennt und dazu leicht empört mit dem Kopf schüttelt. So gesellt sich dann zu dem schlechten Gewissen, das man prophylaktisch hat, weil man auf dem ganzen Nachhauseweg darüber nachdenkt, was man von den versprochenen Erledigungen doch vergessen haben könnte, noch ein zweites schönes Schuldgefühl hinzu. Aber so weit sind wir noch nicht. Wir stellen unser Auto ab und gehen los. Zum Glück regnet es so stark, dass wir so nass geworden wären, wenn wir das Rad genommen hätten, dass dies geradezu unvernünftig gewesen wäre. Jetzt hatte es zwar aufgehört, aber der Regen könnte ja jederzeit wiederkommen. Nach wenigen Metern sehen wir, dass uns eine Person entgegenkommt, mit der wir vor gut zwanzig Jahren zusammen in der Schule gewesen sind. Komischerweise sind es leider immer die anderen, die einen beim Namen anreden, man selbst hat sie immer vergessen. Außerdem trifft man in solchen Fällen immer genau jene ehemaligen Mitschüler wieder, über die man schon früher immer gelästert hatte, und wenn sie nun so vor einem stehen und sagen: »Kennste mich nicht mehr?«, dann darf man sein schlechtes Gewissen über den vergessenen Namen doppeln durch das Schuldgefühl für eigentlich längst verjährtes Unrecht. Idealerweise trifft man jene Mädchen wieder, die damals in der Tanzstunde immer die waren, mit denen niemand tanzte. Dies ist ein besonders prägendes Schuldgefühl, das sich in unser aller Herz bohrt: wenn man seiner Neigung nachgab und das schönste oder zweitschönste der Mädchen zum Tanz aufforderte und eben nicht das dicke oder hässliche, auch wenn es der Anstand, christliche Nächstenliebe und die KSZE-Konvention von Helsinki eigentlich verlangt hätten. Man bat also die Schönste um einen Tanz, doch der ganze Tanz war verdorben, weil man bei jeder Drehung dem dicken, hässlichen Mädchen in die Augen gucken musste, dass als Trauerkloß am Rande der Tanzfläche saß. Ähnlich war es im Sportunterricht, wenn man eine Volleyballmannschaft wählte. Leider achtete man dabei doch eher darauf, ob die Mädchen hübsch waren oder ob sie Volleyball spielen konnten – wer jedoch hässlich war und kein Volleyball spielen konnte, wurde von keinem der

Mannschaftsführer gewählt. Und so standen dann diese Mädchen oder Jungs immer von Anfang an schon so bedröppelt herum, weil sie wussten, dass sie wieder niemand wählen würde, und man hatte dann schon während des Wählens ein unglaublich schlechtes Gewissen, dass man sie links liegen ließ, und man malte sich aus, wie sie nach der Schule nach Hause gingen, depressiv in ihrem Zimmer saßen, laut AC/DC hörten und ins Tagebuch schrieben: »Keiner liebt mich.« Genau diese Mädchen also, die man damals weder beim Tanzen noch beim Volleyball wählte, trifft man vorzugsweise zwanzig Jahre später samstagvormittags beim Einkaufen in der Fußgängerzone. Man erinnert sich dann auch wieder an das sehr interessante schlechte Gewissen, das man hatte, wenn man nach einer sehr schweren Klassenarbeit vor allen anderen gejammert hatte, wie schwer alles gewesen sei und was für eine schlechte Note man bestimmt bekäme. Wurde dann zwei Wochen später die Arbeit zurückgegeben und man hatte – wider Erwarten – doch eine Zwei, dann sah man in den Blicken der anderen ganz langsam den Zorn aufsteigen, und ich schämte mich fürchterlich. Das sind viel schlimmere Schuldgefühle als jene, die dadurch entstanden, dass man unter der Schulbank die lateinische Übersetzung hatte, aus der man für die Klausur abschrieb, oder aus dem Spickzettel, den ich mir in den Kugelschreiber unserer katholischen Pfarrei hineingebastelt hatte. Als Protestant fühlte ich mich nicht unter das Beichtgesetz fallend und hatte deshalb einen der Kugelschreiber, die Pfarrer Hubert Thiel manchmal in der Stadt verteilte, in sehr aufwendiger Kleinarbeit präpariert. Natürlich hätte ich in derselben Zeit auch für die Mathearbeit lernen können, aber es erschien mir erfolgversprechender, die Formeln jederzeit griffbereit zu haben. Es handelte sich bei dem Kugelschreiber der katholischen Pfarrei um einen jener seltenen und lustigen Exemplare, bei denen durch Drücken des Knopfes am Hinterteil sich die Schrift im Mittelteil dreimal drehte, sodass man zuerst eine Abbildung der Kirche, dann die Gottesdienstzeiten, die Termine für die Pfarrfastnacht und dann die Telefonnummer des Pfarramtes sah. Ich beließ die Termine für die Pfarrfastnacht und überklebte die drei anderen Hinweise mit komplizierten Formeln, die ich durch Klicken des Stiftes jederzeit aus dem Schutz des Kugelschreibergehäuses hätte befreien können. Das Ganze war nicht einfach, und ich verbrauchte drei Kulis, bis ich das gewünschte Ergebnis hatte. Leider nahm ich dann zur Mathearbeit den falschen Kuli mit. Ich versuchte es dann in meiner Verzweiflung mit der Telefonnummer der Pfarrei als Formel für die Berechnung einer Fallhöhe. Doch der Beistand von oben blieb aus. Und so konnte ich noch nicht einmal ein schlechtes Gewissen entwickeln für meine Zweckentfremdung. An all dies musste ich unter anderem denken, als mir der Name der Klassenkameradin nicht einfiel.

Das schlechte Gewissen für die Vergangenheit kann man dabei oft mühelos durch ein aktuelles schlechtes Gewissen ergänzen – dann nämlich, wenn man gefragt wird, was man inzwischen macht, und man das Gefühl hat, dass man dem Gegenüber nicht die ganze Wahrheit sagen darf. So kann Ralf etwa nicht mehr in der Gegend ausgehen, in der er früher am liebsten ausgegangen ist, weil immer spätabends ein ehemaliger Arbeitskollege durch die Kneipen zieht, der, total abgemagert, inzwischen das Stadtmagazin verkauft. Er halte es, sagt Ralf, nicht aus, diesem Mann in die Augen zu sehen, da käme selbst ihm das Leben ungerecht vor. Aber es kann eben auch umgekehrt sein. Man hat sehr lange herumgebummelt und immer noch kein Examen gemacht, und dann trifft man plötzlich einen Klassenkameraden, der längst zwei Kinder hat und ein Haus gebaut hat und den Volvo Kombi fährt, und man schämt sich etwas für sein eigenes Nichtstun, und dann redet man aus Angst vor schlechtem Gewissen so viel über andere Dinge, dass der andere gar nicht zum Fragen kommt. Doch auch solche Gespräche wollen beendet sein – und dies geht leider nicht anders als durch ein letztes weiteres kleines Schuldgefühl: eine Notlüge. Sie lautet etwa: »Ich muss jetzt ganz schnell weiter, leider«, oder aber: »Dummerweise habe ich jetzt einen Termin«. Besonders brennend wird das schlechte Gewissen übrigens, wenn man sich dann verabschiedet hat und den Betreffenden fünf Minuten später im CD- oder Kleiderladen wieder trifft und die Lüge offenkundig wird. Das ist eine Variante des bodenlosen schlechten Gewissens, die vor allem in kleineren Ortschaften tückisch hinter jeder Notlüge lauert.

Dann kommen wir in die Fußgängerzone. Auch hier findet unser Gewissen wieder Nahrung. Schön sind etwa Personen, die, leicht verlottert, mit Klingelbüchse neben einem zotteligen Lama stehen. Sie bitten um Geld, damit sie Futter kaufen können für die Tiere, mit denen ihr Zirkus in der Stadt gastiert. Natürlich regnet es jetzt wieder. Sofort denkt man voller Melancholie und Mitgefühl an die armen Tiere, aber noch mehr an die armen Menschen, die mobil waren, als die ganze Gesellschaft noch statisch war, die aber heute, da alle durch die Welt fliegen, plötzlich archaisch wirken mit ihren Wagen und Elefanten und Lamas und Clowns, mit denen sie von Stadt zu Stadt ziehen. Wer ein Lama in einer Stadt sieht – bei sensiblen Gemütern reicht auch der Blick auf das Plakat, das das Kommen eines Zirkus ankündigt –, den überkommen ungute Gefühle, weil man sich erinnert, dass, als man als Kind das letzte Mal im Zirkus war, die Reihen schon damals sehr gelichtet waren und es seitdem sicherlich noch viel schlimmer geworden ist. Die Clowns und die Elefanten und Lamas tun einem tatsächlich recht herzlich Leid, ja, sie tun einem so Leid, dass die Menschen in der Regel weder in den Zirkus gehen noch etwas in den Klingelbeutel stecken, weil sie meinen, dem schlechten Gewissen am besten dadurch aus dem Weg zu gehen, wenn sie sich damit nicht länger beschäftigen. Das ist sehr merkwürdig, aber ist so.

Ich blicke noch einmal zurück, aber offensichtlich ist es mir endlich gelungen, die ehemalige Klassenkameradin abzuschütteln. Ich verberge mich etwas unter dem großen Schirm, den ich letzte Woche gekauft habe, weil ich meinen letzten Schirm, den ich mir zwei Monate zuvor gekauft hatte, leider irgendwo vergessen hatte. Geschützt von dem Schirm wage ich es, zu McDonald's zu gehen. Der Besuch bei McDonald's ist in jedem Fall mit großen Schuldgefühlen belastet, so etwas tut man nicht, schon gar nicht als Waldorfschüler. Regelmäßiges Essen bei McDonald's ist ungefähr so angesehen wie regelmäßige Bordellbesuche. Jedes Mal, wenn man dann rausgeht aus McDonald's und die Tür hinter sich schließt, leckt man sich mit der Zunge die letzten Salzkörner der Pommes von den Lippen und überprüft noch mal, ob an den Daumen nicht doch noch etwas von der Mayonnaise hängt, die aus dem Burger hinten rauslief, während man vorne zubiss. Und dann wird das Gemisch aus Mayonnaise, sehr gesalzenen Pommes, Cola mit Eis und dem McSundae-Eis, das eben noch so gut schmeckte, plötzlich zu einem unguten Gemisch, das ein leichtes Würgen durch meine Speiseröhre gehen und den festen Vorsatz reifen lässt, jetzt erst einmal ein halbes Jahr nicht zu McDonald's zu gehen, weil man sich nachträglich so ekelt vor dem, was man da gerade gegessen hat. – Meist ist man dann nächsten Montag wieder da.

Einer meiner Besuche bei McDonald's war besonders verheerend, weil ich relativ lange mit Blick auf die Anzeigetafeln überlegte, ob ich das Hamburger-Royal-TS-Menü nehmen sollte oder 12 Chicken McNuggets, als mich eine freundliche Stimme hinter der Kasse nach meinen Wünschen fragte. Ich konnte es nicht fassen, dass Clara, mit der ich früher im Bioleistungskurs gesessen hatte und in die ich halb verliebt war (sie hatte angeblich immer einen festen Freund, den aber nie jemand gesehen hatte), dass also diese Clara nun bei McDonald's hinter der Kasse stand, die Schürze und das Käppi sahen so entwürdigend aus und machten sie, die eigentlich schön war, nicht schöner, ich fühlte mich so schuldig und schlecht, dass ich es nicht wagte, sie zu fragen, was sie hier mache, weil ich Angst hatte, sie würde mir sagen, dies sei kein Ferienjob um einfach nur Geld zu verdienen, sondern der Job, von dem sie immer schon geträumt habe. So erzählte ich ihr sofort, dass ich eben unsere Klassenkameradin getroffen hätte – ja, und dann wusste ich eben wieder den Namen nicht. Das war dann doppelt peinlich, dass ich den Namen nicht wusste, obwohl mir das Ganze ja offensichtlich so wichtig war, dass ich davon erzählte, sie nannte dann immer mehr Frauennamen, und ich sagte immer Nein, bis die Leute in der Schlange hinter mir murrten, ich die Chicken McNuggets bestellte, zahlte, mir kurz heiß wurde und ich mich an einen der Tische hinter den Plastikblumen setzte, wo ich Clara nicht sehen musste. Ich las den kompletten Text, der auf dem McDonald's-Werbezettel stand, der als Untersetzer auf dem braunen Tablett lag, und wusste danach alles über die ökologische Rinderaufzucht in Argentinien. Wenn ich nach dem Essen das Tablett zurückgebracht hätte, dann hätte ich sie wahrscheinlich noch einmal sehen müssen, deswegen ließ ich es, zugemüllt, wie es war, auf dem Tisch stehen, und ich meinte zu spüren, wie ich von den Gästen an den umstehenden Tischen ganz kurze verständnislose Blicke zugeworfen bekam, als ich einfach mir nichts dir nichts aufstand und loslief.

Ein paar hundert Meter weiter ging ich dann in einen Supermarkt, ich brauchte irgendetwas Süßes, um den McDonald's-Geschmack im Mund zu überdecken. Ich nahm zwei Packungen M&Ms und ein Lion und lief zur Kasse, als hinter mir in der Reihe ein kleiner Junge sah, was ich mir genommen hatte, und bei seiner Mutter zu betteln anfing. Die Mutter sagte ihm, er bekäme keine M&Ms, da könne er noch so viel schreien. Daraufhin schrie er. Die achtzigjährige Dame vor mir an der Kasse hatte derweil den Ehrgeiz, 87 Mark 93 passend zu zahlen, und suchte gemeinsam mit der Kassiererin (sie hatte leider ihre Brille vergessen) in den Nischen ihres Lederportemonnaies nach einem Zweipfennigstück. Dies dauerte etwa drei Minuten, und in dieser Zeit diskutierte die Mutter weiter mit ihrem Sohn die Frage, warum der Mann (also ich) M&Ms kaufen und essen dürfe, er selbst aber nicht. Als ich dann endlich gezahlt hatte und gehen wollte, traf mich noch einmal der tränenverhangene Blick des Kindes. Ich bog dann in die nächste Straße ein, auf dem Weg zu meinem Wagen und begann mich zu ärgern, da ich vergessen hatte frische Milch und Klopapier zu kaufen. Dann traf ich eine ältere Touristin, die mich verzweifelt fragte, wo denn das Städtische Museum sei. Ich überlegte kurz und sagte ihr, sie müsste die nächste Straße rechts einbiegen, dann die übernächste links, und dann wäre sie nach hundert Metern da. Sie dankte und ging freudestrahlend weiter. Als sie um die Ecke gebogen war, fiel mir ein, dass ich sie nicht zum Städtischen Museum, sondern zum Heimatmuseum geschickt hatte, doch da ich diese Dame wohl nie wieder treffen würde, gab es für mich keine Chance, mein schlechtes Gewissen ihr gegenüber je gutzumachen, ja eigentlich hoffte ich sogar, sie nie wieder zu treffen. So durcheinander und orientierungslos sind wir inzwischen, dass wir ein solches Versehen tatsächlich als echte Schuld empfinden.

So lief ich dann, gut beladen mit Schuldgefühlen, weiter durch die Stadt. Es begann wieder, leicht zu nieseln. Kurz vor dem Parkhaus traf ich dann einen der Klassiker des schlechten Gewissens. Er kommt direkt hinter den Gedanken »Ich sollte mal wieder meine Mutter anrufen« und »Ich sollte mehr Sport machen«. Er wird verkörpert durch den Verkäufer der Obdachlosenzeitung. Anders als die Zeugen Jehovas, die ihren *Wachturm* so hochhalten, als wollten sie beim Hochhalten gar nicht von Passanten gestört werden, halten die Obdachlosen ihre Obdachlosenzeitungen einem immer so vor die Nase, dass man reagieren muss. Das unbewusst-triebhafte Es wird hier, folgt man mal wieder Freud, in seinen Triebäußerungen (Ich brauche keine Obdachlosenzeitung) durch das Über-Ich als Hemmungsautomatik kontrolliert (Der arme Obdachlose braucht aber dein Geld). So wirkt die elterliche Autorität auf das Unbewusste, durch die dem Kind besonders in den ersten Lebensjahren die gesellschaftlich approbierten Verhaltensweisen aufgenötigt werden (Arme Obdachlose, die Zeitungen verkaufen, muss man unterstützen). Das im Unterbewusstsein fortwirkende Über-Ich identifiziert

Freud mit dem Gewissen. Das Ich, die individuelle Persönlichkeit mit ihren mittels der Erfahrungen gewonnenen bewussten Wertsetzungen (Ich fühle mich schlecht, wenn ich dem Obdachlosenzeitungsverkäufer keine Zeitung abkaufe, ich kann aber andererseits auch nicht jedem Obdachlosenzeitungsverkäufer eine Zeitung abkaufen, sonst werde ich arm), kann sich nur in bewusster Auseinandersetzung des Menschen mit seiner gesellschaftlichen Umwelt (Vertrinkt der auch nicht das Geld, das ich ihm gebe? Wieso geht es ihm so schlecht und mir so gut? Wo ist die Gerechtigkeit?) und in Überwindung des Bestimmtwerdens durch das Über-Ich bilden (Ich entscheide selbst, wann ich eine Obdachlosenzeitung kaufe).

Besonders schwierig ist die Begegnung mit Obdachlosenzeitungsverkäufern, Freud hin oder Freud her, in der U-Bahn, wenn die Verkäufer durch die Waggons laufen, und als einmal einer durch den ganzen Wagen gelaufen war und ihm niemand eine Zeitung abgekauft hatte, gab ich ihm zwei Mark und sagte zu ihm, ich brauchte die Zeitung nicht, die hätte ich schon gestern gekauft. Das hatte ich vor ein paar Tagen in der U-Bahn von meinem Nachbarn gehört und fand das zunächst eine ziemlich elegante Form, das eigene Gewissen zu entlasten, sich aber zugleich mit keiner Zeitung zu belasten. Denn so gut es ist, die Verkäufer von Obdachlosenzeitungen zu unterstützen, so kompliziert ist der Besitz einer solchen Zeitung. Zunächst einmal gilt der Grundsatz: Kennste eine, kennste alle. Niemand sollte sich vormachen, tatsächlich eine Zeitung zu kaufen, aus der er Wissenswertes für sein Leben erfahren könnte. Das ist Schmu. In Obdachlosenzeitungen erfährt man, wo immer man sie kauft und wann immer man sie kauft, vor allem, dass es den Obdachlosen leider weiterhin sehr schlecht geht und dass sie häufig Alkoholprobleme haben. Es ist eine Insiderzeitung, ein Branchendienst so wie das Vereinsorgan der Märklin-Eisenbahn-Sammler. Wer eine Obdachlosenzeitung kauft, spendet einem armen Menschen Geld und bekommt dafür quasi eine Zeitung als Quittung, die er aber nicht beim Finanzamt einreichen kann und wohl auch nicht im Himmel. Es ist lächerlich, dass wir glauben, uns durch zwei Mark von unserer Wohlstandsschuld freikaufen zu können. Und dennoch sieht man immer wieder in der U-Bahn Frauen, die die Frisur von evangelischen Pfarrerinnen tragen, also einen kurzen schwarzgrauen Igelschnitt, und die dann ihre Halbbrille aufsetzen und interessiert in der Zeitung zu lesen beginnen – doch auch sie legen sie dann nach einer Minute weg und stecken sie in die Handtasche. Niemand getraut sich, eine Obdachlosenzeitung in der U-Bahn liegen zu lassen. Man steckt sie immer in die Tasche und legt sie dann zu Hause auf einen Stapel, bis sie dort drei Wochen ungelesen liegt und man es wagt, sie in die Papiertonne zu werfen, aber immer mit einem kleinen schlechten Gewissen. Dies alles mag jenen Mann, der in der U-Bahn neben mir saß, dazu bewogen haben, dem Verkäufer der Obdachlosenzeitung zwei Mark zu geben, aber dafür keine Zeitung anzunehmen. Als ich es dann auch das erste Mal tat, merkte ich, wie der erste Gewissensbiss sofort auf dem Fuß folgt: Ist er jetzt nicht beleidigt? Aber dann sagt man sich, nein, der Verkäufer freut sich ja, weil er jetzt potenziell mehr Geld verdienen kann, weil er zwar Geld verdient hat, aber dafür keine Zeitung hergeben musste. Wenn man Zeit hat, sich weiter Gedanken zu machen, wird man aber rasch sehen, dass dies naiv ist: Wahrscheinlich ist der Obdachlose selbst in der Redaktion oder beim Druck der Obdachlosenzeitung dabei gewesen, und er empfindet es jetzt keineswegs als freundliche Geste, wenn ich ihm Geld gebe, aber keine Zeitung abnehme, denn dann behandle ich ihn ja gerade genau wie all die anderen Bettler, von denen er sich ja durch seinen Zeitungsverkauf unterscheiden will. Und wer das einmal gedacht hat, der wird es niemals wieder wagen, Geld zu geben und keine Zeitung zu nehmen, und der wird sich stellvertretend unwohl fühlen, wenn es der Nachbar macht.

Wenn der Verkäufer der Obdachlosenzeitung aber nicht durch die U-Bahn läuft, sondern einfach so in der Fußgängerzone steht, ist es leichter, an ihm vorbeizulaufen. Aber leider blickt er einen mit so traurigen Augen an, dass man nur mit sehr großer Konzentration weitergehen kann, ohne anzuhalten. Ich sehe dann im Schaufenster hinter dem Obdachlosenzeitungsverkäufer plötzlich genau die Schuhe, die ich seit Monaten suche, aber ich getraute mich nicht, in diesen Laden zu gehen und sehr viel Geld für Schuhe auszugeben, weil ich eben gerade dem Obdachlosen keine Zeitung abgekauft habe. Also gehe ich ein paar Schritte weiter und blicke noch einmal verstohlen ins Schaufenster und beschließe dann, mir diese Schuhe zumindest einmal anzuziehen. Um dies seelisch unbelastet tun zu können, so war mir schnell klar, musste ich aber erst dem Obdachlosen eine Zeitung abkaufen. Also gehe ich zurück und sage ihm, dass mich die Schlagzeile »Ganz unten« doch sehr angesprochen hätte, und kaufe ihm zwei Zeitungen ab: »Eine für mich und eine für meinen Kollegen.« Dann will ich nach diesem doppelten Ablasshandel ganz unbeschwert in den Schuhladen gehen, doch plötzlich befällt mich der Gedanke, dass mich der Obdachlose eventuell durchschaut hat und er merkt, dass ich ihn nur missbrauche, um mein Gewissen vor dem Luxuskauf zu reinigen. Deshalb wage ich es nicht, in den Schuhladen zu gehen, stecke die zwei Obdachlosenzeitungen in meine Tasche und gehe zum Wagen zurück und überlege, wo ich die beiden Zeitungen am unauffälligsten entsorgen könnte. In diesem Moment sehe ich noch einmal das Plakat für den Zirkus, und ich denke daran, wie dort die Tiere fast verhungern und wegen des Regens im Dreck stehen und wie dann die armen Clowns Vorstellungen vor drei Leuten machen und depressiv werden und das alles wegen uns, weil wir nicht mehr genügend in den Zirkus gehen, weil wir uns nur noch *Stars in der Manege* im Fernsehen anschauen, da ist es wärmer und riecht nicht so nach Pferd. Als ich so vor mich hin dachte, tritt eine Frau an mich heran, die im strömenden Regen unter einem weißen Sonnenschirm gestanden hatte, und fragt mich, ob ich nicht eine kleine Spende für den Kinderschutzbund geben wolle. Dann zeigt sie mir Fotos von abgemagerten Kindern mit großen Augen, die in irgendwelchen nordkoreanischen Kohlebergwerken arbeiten, und sie sagt: »Auch diese Kinder träumen von einer unbeschwerten Kindheit.« In dem Moment fällt mir ein, dass ich schon wieder meinen Schirm vergessen habe, dass ich jetzt aber keine Zeit mehr habe, den ganzen Weg zu McDonald's zurückzurennen, und ich fühle mich schlecht bei dem Gedanken an all das Geld, das ich schon ausgegeben habe für Regenschirme, Handschuhe und Schals, die ich gekauft habe, um sie bei erstbester Gelegenheit wieder zu vergessen. Leider schiebe ich dann auch immer wieder den Anruf in den Geschäften und Cafés, wo ich die Sachen vermutlich vergessen habe, so lange hinaus, bis ich ein so schlechtes Gewissen habe, dass ich es nicht mehr wage, dort anzurufen. In diesem Moment fängt es wieder sehr stark zu regnen an und ich spende heftig für den Kinderschutzbund.

Übung: Wenn wir einen Tanzkurs machen oder Volleyball spielen, lassen wir uns von allen Mädchen, die nie gewählt werden, einen Zettel unterschreiben, auf dem sie uns versichern, uns im weiteren Verlauf ihres Lebens nie in Fußgängerzonen anzusprechen. Falls sie diesen Vertrag brechen, geben wir das Foto des Abschlussballs an die Lokalzeitung.

12. Heute lasse ich mir von einem Schuhputzer auf der Straße vor aller Augen minutenlang die Schuhe putzen

13. Heute ernähre ich mich falsch

Das Gebot, sich richtig zu ernähren, ist so allgegenwärtig und so massiv, dass es heutzutage nicht mehr schwer ist, sich immer irgendwie falsch zu ernähren. Erst kommt die Moral, dann irgendwann das Essen. Unabhängig von Kalorien gibt es in Deutschland die sehr anstrengende ideologische Ernährungskritik, die etwa zu dem schönen Transparent auf dem letzten evangelischen Kirchentag führte, auf dem stand: »Christen, kauft keine Käfigeier«. Noch lustiger wird es, wenn die Speisepläne auf die aktuelle Außenpolitik reagieren müssen und etwa der Serbische Bohneneintopf von den Kantinenkarten und der Amselfelder von den Weinkarten verschwanden, wohl um diplomatische Verwicklungen mit Restjugoslawien zu vermeiden. Der restjugoslawische Bohneneintopf konnte sich allerdings ebenso wenig durchsetzen wie der Kosovo-Alban-Felder, und somit sind beide mit dem 20. Jahrhundert in der Versenkung verschwunden.

Schon als Kind lernte ich, dass es gutes und böses Essen gibt. Das gute war das, das angeblich gesund war, das böse das, was gut schmeckte. Und da konnte auf dem Nutella-Glas von noch so vielen Dr. Fresenius-Instituten festgestellt werden, wie viele wichtige 0,00004 Gramm bestimmter Mineralien in jedem Löffel enthalten waren, Nutella war so böse, dass meine Mutter es uns nur samstagabends erlaubte, und auch nur für ein Brot, auf das andere musste dann blöder Streichkäse. Auch durfte man es nie so dick auftragen wie auf dem Foto vorne auf dem Nutella-Glas – das merkwürdige runde Messer wie auch das merkwürdige runde Weißbrot sind ebenso unverändert aus den siebziger Jahren ins 21. Jahrhundert mitgekommen wie der Bube auf dem Brandt-Zwieback und der Grinsekopf auf der Kinder-Schokolade. Ebenso böse wie Nutella waren Eszet-Schnitten, Schokolade, die in feinen Scheiben in blauen Achterpackungen lag, die ich nur sonntagmorgens essen durfte und auch nur, wenn ich danach in den Kindergottesdienst ging. Der an sich sehr geniale Werbespruch »In der allergrößten Not schmeckt Eszet auch ohne Brot« wurde von mir häufig angewandt, er kam aber nie sonderlich gut an. Cola, Wassereis, Softeis, Brause, zu viele Erdbeeren, Wackelpudding und Ravioli aus der Dose waren ebenfalls böse. Gut war man nur, wenn man Feldsalat aß, und auch Wurst und Käse waren eher gut als Marmelade, nur Sülze war nicht so gut, wegen des Glibberzeugs mit unklarer Herkunft, vor dem sich selbst meine Mutter ekelte.

Das Essen ist von Kindesbeinen an eines der Hauptbetätigungsfelder für Schuldgefühle. Wer seinen Teller nicht aufisst und dazu den Kommentar hört »Du isst nichts, und in Afrika verhungern die Kinder«, ist in einem klassischen Fall von unproduktivem schlechten Gewissen gefangen, denn auch wenn man seinen Teller aufäße, würde in Afrika leider kein einziges Kind weniger verhungern. Ebenso wichtig, wie den Teller aufzuessen, war es, vorher keine Süßigkeiten zu essen oder nicht zu viel Wasser zu trinken. Beides stand im Verdacht, den Hunger zu nehmen: »Iss nicht so viel vorher, denn isst du nachher nichts.« Es entstanden ungute Situationen, wenn man kurz vor dem Essen genascht hatte, die Mutter einen fragte, ob man genascht habe, man verneinte, dann aber sofort zum Mittagessen kommen sollte und man nun in der Tat keinen Hunger hatte, aber aus schlechtem Gewissen doch so tat, als hätte man Hunger. Ähnlich kompliziert war täglich die Frage des Schulbrotes. So sah ich allmorgendlich, wie meine Mutter mit Inbrunst das Brot schmierte und darauf dann aus dem Kühlschrank und Regal genau die Dinge auswählte, die ich nicht mochte und sonst nie aß: Käse oder Schinken. Wenn ich mir Nutella oder Quark mit Marmelade wünschte, hörte ich die unwiderlegbare Antwort, dass dies auf einem Schulbrot leider nicht gehe, weil es an den Rändern rauslaufe. Auf dem Schulbrot also lag dann Streichkäse oder Schinken, und in der ersten Schulpause kaufte ich mir Vanillemilch, in der großen Pause eine Milchschnitte, und dann sah ich, als ich zu Anfang der sechsten Stunde so tat, als suchte ich nach einem Buch, die eingepackten Brote in meinem Ranzen und bekam ein schlechtes Gewissen, das war aber noch ganz klein. Erst als ich am nächsten Morgen wieder neue Schulbrote bekam, erinnerte ich mich wieder an das von gestern, das noch immer im Ranzen schlummerte, und ich bemühte mich, ganz schnell das neue einzupacken, damit meine Mutter nicht selbst auf die Idee kam, in den Ranzen zu schauen und dort die kränkende Bescherung zu sehen. So zog ich denn los mit zwei Schulbroten. In der ersten Pause überlegte ich kurz, ob ich das frische Schulbrot rausholen sollte, aber weil die anderen alle Milchschnitten mitbekommen hatten und Capri-Sonne tranken, wollte ich mit meinem Vollkornbrot nicht ausgegrenzt bleiben und ging zum Schulkiosk und holte mir auch eine Milchschnitte. Dann kam bald das Wochenende. Als ich dann Sonntagabend nach der langweiligen Sonntags-Sportschau endlich damit anfing, die Mathehausaufgaben machen zu wollen, holte ich meinen Ranzen, und als ich das Mathebuch rausholen wollte, fand ich dahinter nicht nur das alte ungegessene und das neue ungegessene Schulbrot, das eine sehr hart eingetrocknet, das andere noch elastisch, sondern ich fand, weil Mathe eine Woche lang ausgefallen war, am Boden des Ranzens auch noch eine Plastiktüte mit einem Schulbrot, das dort schon ein Weilchen länger schlummerte und das deshalb grünschimmelige Züge angenommen hatte. Voller schlechten Gewissens nahm ich die drei Beweise meines moralischen Fehlverhaltens und schlich an meiner Mutter vorbei nach draußen an die Mülltonne. Doch selbst in diesem Moment war ich des Problems längst noch nicht Herr geworden, da meine Mutter drei Tage später mit den nun insgesamt verschimmelten Tüten vor mir stand und mich fragte, warum ich Plastiktüten in die Papiertonne geworfen habe und wieso sie sich eigentlich Morgen für Morgen diese ganze Arbeit mache.

Sehr früh lernte ich so, dass es sehr einfach ist, sich falsch zu ernähren: Einfach, indem man das isst, was man gerne isst. Und das Ganze verschärfte sich dann, als die Frage von gut und böse plötzlich eine Frage von Kalorien wurde. Schuldig musste sich derjenige fühlen, der an einem Tisch von Vegetariern bewusst zum Schnitzel greift, offenbar, weil es herrschende Meinung ist, dass alles, was über das Mohrrübeknabbern hinausgeht, irgendwie bedenklich ist. Der Vegetarier, der eine Gastgeberin dazu zwingt, neben dem Schweinebraten auch Hirseklöße zu machen, muss kein schlechtes Gewissen haben, wer nur Pflanzliches isst, ist per se ein besserer Mensch. Wer sagt, er sei Vegetarier, darf selbstverständlich erwarten, dass sich seine komplette Umgebung ein Bein ausreißt, um ihn ebenfalls satt zu bekommen, er ist der mächtigste Mensch auf der Welt, wer ihn nicht zufrieden stellt, hat das Gefühl, die Menschenrechte verletzt zu haben. Am angenehmsten sind dabei die schweigsamen Vegetarier, die essen, was sie bekommen und nicht auch noch so tun, als seien die Hirsebällchen und Tofugebilde lecker. In der Regel aber hört man Vegetarier derart laut ihre Hirsebällchen loben, dass man selbst die Lust verlieren soll am blutigen Steak, was dann meist auch so ist.

Zu Zeiten von BSE und Maul- und Klauenseuche wurde dann auch der Wurstverzehr als moralisch bedenklich erklärt, wer in jenen heißen Monaten ein Restaurant betrat, sah in der Speisekarte keine Schweine mehr, sondern Zander, Barsch und Seewolf und höchstens einmal argentinische Rinder, und wer es gar wagte, ein Fastfood-Restaurant zu betreten, wurde gefragt, ob er den Hamburger lieber mit Pute wünsche. Allein das Angeln, Erlegen und Ausnehmen von Fischen gelten seltsamerweise – wohl wegen des Jodanteils – als nicht ganz so frevelhaft, an der See hat man sogar in Deutschland das Gefühl, als sei es geradezu erlaubt, Tiere zu essen, vorausgesetzt, sie können schwimmen. Nur das Essen von Hummern gilt als inhummeran. Seit Gero von Randow in seinem Schlemmerbuch *Genießen* klargestellt hat, dass der Mensch durch das Kochen nur dem ansonsten bevorstehenden Selbstmord des depressiven Hummers zuvorkommt, ist aber auch der Hummer wieder für die Speisekarte des aufgeklärten Mitteleuropäers gesichert.

Aber das sind Ausnahmen. Eigentlich ist es heute unmöglich geworden, sich nicht böse zu ernähren. So kann man eigentlich schon auf keinen grünen Zweig mehr kommen, wenn man im normalen Supermarkt einkauft – das Gemüse und Obst dort kommen, da sind sich die Experten im Freundeskreis sicher, aus holländischen Gewächshäusern, sei genetisch erheblich verändert und hätte ungefähr so viel Vitamin C wie eine Tafel Ritter Sport mit Rosinen. Da man das weiß, versucht man, ansonsten alles gut zu machen – man wählt die Eier aus, deren Pappverpackung besonders ömmelig und also hoffentlich biologisch-dynamisch aussieht, und ebenso macht man es bei den Säften und den Milchprodukten. Da man es manchmal nicht sofort auf den ersten Blick sieht, nimmt man im Zweifelsfall immer das Teurere. Die Moralisierung des Konsums hat längst in jedem Supermarkt einen ethischen Kanon geschaffen, und in unseren wirtschaftlich ausgeruhten Zeiten wächst die Zahl jener, die sich mit Geld ein sozial und ökologisch reines Gewissen kaufen wollen. Aber selbst dann können einem noch Konzentrationsfehler unterlaufen: Wer vermutlich ökologisch wertvoll, weil schweineteuer, eingekauft hat und das Ganze dann doch wieder in zwei Plastiktüten einpacken muss, weil er den Korb zu Hause vergessen hat, hat sich ein schlechtes Gewissen mitgekauft, das nicht besser wird, wenn man endlich zu Hause angekommen ist und man die zwei Plastiktüten zu den zweihundert anderen Plastiktüten legt, die man in den letzten zwei Monaten angehäuft hat, weil man immer zu Hause den Korb vergaß und im Laden dann den rechtzeitigen Griff zum Jutesack. Solchermaßen unglücklich, geht man dann samstagmorgens, den geflochtenen Korb stolz unterm Arm, auf den Wochenmarkt, um gut einzukaufen. Dass man dafür meist acht Kilometer mit dem Auto fahren muss, vergisst man, denn man weiß, dass man gleich so gesund einkaufen wird, dass dies das kleine zusätzliche Loch in der Ozonschicht hoffentlich locker wieder wettmacht. Man kauft Obst und Gemüse und fühlt sich so gut dabei, unter freiem Himmel das Geld für so gesunde Dinge auszugeben, man kauft auch immer wieder bei dem freundlichen älteren Herrn Honig und Marmeladen, bis man eines Tages feststellt, dass der ältere Herr nicht mehr da ist, und dann fragt man die anderen Marktfrauen, und sie drucksen herum, und dann irgendwann einmal packt doch eine aus, als sie einem gerade viel zu teuren Spargel verkauft, und erzählt, dass man ihn festgenommen hätte, da er ein Kriegsverbrecher gewesen sei, der wohl viele tausend Menschen auf seinem Gewissen habe und der mit neuem Namen als Landwirt untergetaucht sei und der hier seit Jahren seine Dinge verkaufte, ohne dass jemand etwas gemerkt hätte. Mit Schaudern erinnere ich mich dann an all die von Nazihand gerührten Honiggläser, an all die mit Nazihänden gepflückten Brombeeren und spüre, dass man nie glauben sollte, man könne sich richtig ernähren.

Deshalb sollten wir alle gleich versuchen, uns falsch zu ernähren. Wer einmal versucht, in geselliger Runde zu erzählen, er habe heute Mittag eine Currywurst mit Pommes und Mayo gegessen, der wird wissen, wie Abscheu die Gesichter vertrauter Menschen verzerren kann. Schau doch mal öfter in deinen Cholesterinspiegel, so rufen einem die Augen der Rohkostfraktion zu, weißt du nicht, so warnen die Freunde der Trennkost, dass eine einzige Currywurst mit Pommes genauso viel

Kalorien hat wie zwanzig Kilo Salzkartoffeln? Und was bist du nur für ein Banause, so wundert sich die Toskanafraktion, dass dich ein solches Essen sinnlich befriedigt? Hmmm. Es ist also gar nicht so schwer, sich falsch zu ernähren. Man muss anschließend nur unter Leute gehen und davon erzählen. Denn allein durch die Tatsache, dass man etwas gegessen hat, verletzt man das erste ungeschriebene Ernährungsgebot, das da lautet: Halte Maß! Die psychologische Quelle aller *Brigitte*-Diäten liegt in der großen Tradition der Wertschätzung der Askese und des Verzichts, das sich in allen Weltreligionen findet. Triftige Letztbegründungen dafür haben keine der Weltreligionen und keine *Brigitte* bisher hervorgebracht, auch die Tatsache, dass die Genießer unter den Menschen in der Regel gesünder aussehen als die Kostverächter, hat die Ideologisierung des Verzichts bislang nicht erschüttern können. Und wer schon nicht verzichtet, was heutzutage dann nicht mehr Verzicht heißt, sondern FDH, der erprobt jedes Frühjahr aufs Neue eine Diät. Zwar kauft, so hat man den Eindruck, jede Frau heutzutage nur noch mit einem ironischen Lächeln die Frauenzeitschrift mit dem neuesten Diätvorschlag, und sie macht sich darüber lustig, dass genau dasselbe im Frühjahr zuvor da auch schon dringestanden habe. Aber dann liest sie, wie ich höre, nach dem Horoskop, doch wieder als Erstes die Diät und kommt morgens frustriert aus dem Bad, weil auch die neue Diät wieder nicht geholfen hat. »Wer immer das schlechte Gewissen erfunden hat«, schreibt die Zeitschrift *Glamour* stellvertretend für ihre Leserinnen, »er hat auf jeden Fall ganze Arbeit geleistet.« Wer nun glaubt, er könne dem schlechten Gewissen der Partnerin dadurch Erleichterung verschaffen, indem er sagt: »Ich mag dich so, wie du bist!«, muss noch viel lernen über die weibliche Psyche. Die Dame wird ihm, falls sie Lust dazu hat, gerne erläutern, dass es genau darum nicht gehe, sondern dass es die Frage sei, ob sie sich selbst gefalle. »Und was soll das heißen, du weißt gar nicht, was ich mit Cellulitis meine?« So darf man dann selbst ein schlechtes Gewissen dafür haben, dass man die eigenen ästhetischen Maßstäbe für das letzte Wort gehalten hat. Auf den Kommentar »Ich find dich aber sehr schön so« gibt es im Wörterbuch der Geschlechter leider nur eine Antwort, und die geht so: »Ich aber nicht« und als einzige Alternative: »Schön für dich«. Wer mag, kann dann noch ein bisschen weiterdiskutieren, bringen wird es nichts, und wer zur frustriert von der Waage steigenden Dame seines Herzens sagt: »Ich mag jedes Pfund an dir«, der kann gleich seine Sachen packen.

Die weibliche Logik, die dahinter steckt, ist ungefähr die: Normalgewicht bedeutet fett und Idealgewicht ist auch nur eine Erfindung der Frauenzeitschriften. Ich muss mehr Sport machen. Diäten nützen ohnehin nichts. Wenn ich die neueste *Brigitte*-Diät mit den siebzehn über den Tag verteilten kleinen Mahlzeiten ordnungsgemäß kochen will, muss ich mir dafür eigentlich eine Woche lang freinehmen. Das Einzige, was hilft, ist eh nur FDH. Diese Fettpolster kriege ich irgendwie gar nicht mehr weg. Früher war ich viel schlanker. Oh, Gott, und die Cellulitis, die wird ja immer schlimmer. Und ich habe heute den ganzen Tag nur komische Sachen gegessen. Am besten, ich esse heute gar nichts mehr. Und morgen nur Salat und frische Früchte. Und nie wieder Schokolade ... So geht die Spirale. Und diese Spirale ist jederzeit aktivierbar, bei jedem Eisbecher und bei jedem Stück Torte schaltet sie sich ein und mindert jeden Genuss. Wenn ich das jetzt esse, dann muss ich dafür morgen ganz besonders gesund essen – das sind die Spielregeln des schlechten Gewissens, das sich so gerne ins Essen einmischt. Ein Griff in die Chipstüte, und die Vorsätze eines ganzen Tages sind dahin. Im *Wellness Center Forum* im Internet, in dem lauter Jogger und Bodybuilder über ihr Training sprechen, gibt es eine Unterrubrik, die deutlich die meisten Einträge hat. Sie heißt »Blödes schlechtes Gewissen« – dort etwa mault eine Daniela, sie habe »obwohl ich heute Morgen nur Obst gegessen habe und mittags nur Müsli und für abends eine Gemüsesuppe gekocht hatte, ein super schlechtes Gewissen, weil ich um 17 Uhr 18 einen Schokoriegel gefuttert habe«. Sofort pflichten ihr eine Jenny und ein Dieter bei und erzählen, dass es ihnen genauso gegangen sei: »Schöne Scheiße, dieses schlechte Gewissen.«

So sind die Regeln der richtigen und der falschen Ernährung. Dies geht einher mit der Diskriminierung jener, die sich nicht an die Regeln halten, insbesondere der Dicken. Wer ein bisschen beleibt ist, der soll, so will es die herrschende Meinung, sich jedes Mal ein bisschen schuldig fühlen, wenn er auf der Straße jemanden trifft, der eine normale Figur hat. Was für ein anstrengendes Leben. Es ist leider kein Wunder, dass aus einer solchen Ideologisierung der Idealfigur innerhalb der letzten Generationen der Menschheit, die sich noch nicht gentechnisch zurechtmachen konnten, eine Gesellschaft entsteht, in der Magersucht und Bulimie zu einem Millionenleiden werden, das tagtäglich vom schlechten Gewissen neu angefeuert wird.

Übung: Wir lassen uns ein T-Shirt mit der Aufschrift »Ich ernähre mich falsch« drucken, ziehen es an, gehen zu McDonald's, lassen uns einen Sechserpack Chicken McNuggets, Pommes, einen BigMac und einen McSundae-Eisbecher einpacken, gehen damit am Samstagvormittag auf den Wochenmarkt und schlendern essend zwischen den Gemüseständen umher, greifen mit verklebten Fingern nach frischen Äpfeln und üppigen Rettichen und rufen immer wieder entsetzt aus »Wie widerlich«.

14. Heute schäme ich mich, weil es mir gut geht

Mir geht es nicht gut, ich habe Fieber und huste, und alle sagen, ich solle doch nach Hause gehen und mich hinlegen. Aber ich wollte nicht und hustete weiter. Um 14 Uhr dann packe ich plötzlich doch meine Sachen und gehe. Als mich mein Kollege und moralischer Beistand Moritz zwei Tage später fragte, warum ich denn nicht gleich gegangen sei, ja, warum ich denn überhaupt ins Büro gekommen sei, erkläre ich ihm den komplizierten Fall: Schon morgens hatte ich mich so schlecht gefühlt, dass ich eigentlich hätte zu Hause bleiben wollen, aber da fiel mir ein, dass an diesem Morgen immer die Putzfrau kommt. Da die Putzfrau polnisch war und sehr schlecht Deutsch konnte, hatte ich sie nur ein einziges Mal gesprochen beziehungsweise gesehen und mit Händen und Schriftzeichen ausgemacht, dass sie fortan jeden Montag kommen solle und dass sie genauso viel Geld bekäme wie bei Moritz, der sie mir empfohlen hatte, weil ich mit Maria, der ersten Putzfrau, so unzufrieden war (von dem schlechten Gewissen, das einen befällt, wenn man einer Putzfrau sagen möchte, dass man sich von ihr trennen will, weil sie nicht sauber genug putzt, will ich hier einmal gar nicht reden, nicht von den Lügen und Ausflüchten, die man erfindet, um ihr nicht die Wahrheit zu sagen). Nachdem ich also Maria mitgeteilt hatte, ich müsste in eine andere Stadt ziehen, und deshalb brauche ich sie leider ab sofort nicht mehr, hatte ich einmal mit Moritz seine Putzfrau getroffen und ihr meine Wohnung gezeigt und auch gleich den Schrank, wo die Putzsachen stehen. Das war mein einziger Sozialkontakt mit der Putzfrau gewesen. Fortan legte ich ihr Woche für Woche fünfzig Mark auf die Ablage und daneben einen Zettel mit den Wünschen für diese Woche: Bügeln, Böden, Fenster, Küche. So ging das ein halbes Jahr, bis ich irgendwann einmal Moritz wieder traf und der mich fragte, wie ich mit Tatschenka zufrieden sei, der Putzfrau. In diesem Moment fiel mir ein, dass ich Tatschenka seit einem halben Jahr auf den Zetteln immer mit Maria angeredet hatte. Das war mir so peinlich, dass ich fortan pedantisch darauf bedacht war, nie zu Hause zu sein, wenn Tatschenka kommt, die glaubte, ich würde sie für Maria halten. Da ich jedoch leider nie eine Telefonnummer von Tatschenka hatte und es wiederum mir zu peinlich war, Moritz ein Jahr nach der Vermittlung nach ihrer Telefonnummer zu fragen, weil dann das ganze Ausmaß meiner sozialen Inkompetenz und meines Desinteresses offenkundig geworden wäre, musste ich also an besagtem Morgen ins Büro gehen, weil ich Tatschenka nicht absagen konnte, da ich ihre Nummer nicht hatte. Meine gesellschaftliche Erziehung war so weit vorangeschritten, dass es für mich die schlimmste Vorstellung war, in meinem Schlafzimmer zu liegen, während sie um mich herum saugte, wischte, bügelte. Moritz antwortete mir, er wisse auch nicht, wie man Tatschenka schreibe, aber er getraue sich nun, nach drei Jahren, nicht mehr, sie danach zu fragen.

Zwar sind wir inzwischen wieder so weit, dass man sich getrauen darf, eine Putzfrau zu haben, aber bis wir wieder so weit sind, dass man sich getraut, faul auf dem Sofa zu liegen oder im Internet zu surfen, während nebenan gesaugt wird, das wird noch ein paar Generationen brauchen, und ob das eigentlich gut oder schlecht ist, das ist auch nicht ganz klar.

Zwar ist es so, dass es, wie zu allen Zeiten und wie in allen Nationen, de facto eine Klassengesellschaft gibt, mit den Reichen, den Gutverdienenden, den Ärmeren und den ganz Armen – aber das darf man natürlich genauso wenig laut sagen wie, dass es großbürgerliche Familien gibt, bürgerliche, kleinbürgerliche und eher proletarische. Es scheint, als sei dies das letzte Tabu des 21. Jahrhunderts. Wer vom Ziel der klassenlosen Gesellschaft abrückt, verletzt die deutsche Sehnsucht nach dem Mittelmaß, dem Normalmaß, der DIN-Norm und dem Reihenhaus. Niemand soll aus der Reihe scheren, dann ist alles gut. Wer 1. Klasse reist, soll sich was schämen, und damit es die Normalsterblichen bei der Lufthansa nicht so merken, hat man die 1. Klasse abgeschafft und die Verwirrungen Business-Class und Economy-Class eingeführt, wobei einem noch nicht einmal Englischlehrer sagen könnten, was der genaue Unterschied zwischen Economy und Business ist und – vor allem – warum das eine für Geschäftsreisen stehen soll und das andere für Privatreisen. Auch ist unklar, warum alle Geschäftsreisenden mit der teureren 1. Klasse reisen sollen, während alle Privatleute mit der billigeren 2. Klasse fliegen. Tante Christa ist davon überzeugt, dass auch die Deutsche Bahn ihre Wagen der 1. Klasse immer so an die äußeren Enden der Züge hänge, dass man in jedem Bahnhof in Regen und Schnee ein- und aussteigen muss, während die 2.-Klasse-Wagen immer unter dem Bahnhofsdach halten. Viele Fragen, die aber besser nicht gestellt werden, denn das könnte ja zur Folge haben, dass sich die 2. Klasse benachteiligt fühlen würde. Dass es aber völlig in Ordnung ist, dass die 1. Klasse besser behandelt wird, weil sie auch mehr zahlt, und dass die 2. Klasse kein Recht zur Beschwerde hat, weil sie weniger zahlt, diese simple Logik ist in unsere Köpfe kaum mehr hineinzukriegen.

Der große ungarische Schriftsteller Sándor Márai nennt das Klassenzorn. In seiner Autobiographie *Bekenntnisse eines Bürgers*, die schon im Titel klarstellt, um was es geht, spricht Marai über die Gründe für den Zerfall von Ehen: »Nie erfahren sie, dass der schleichende Hass, der ihr Zusammenleben durchzieht, nicht nur ein Bankrott des sexuellen Beisammenseins ist, sondern viel einfacher, etwas wie Klassenzorn. Sie wandern jahrzehntelang über die Eisfelder der Langeweile und Gewohnheit und hassen sich, weil der eine vornehmer und feiner erzogen wurde und Gabel und Messer anmutiger hält oder weil er aus seiner Kindheit einen besonderen Kastengeist mitgebracht hat. Wenn sich die Gefühlsbindung lockert, bricht ein Klassenkampf aus.« (Das geht auch flächendeckend: Im Osten Deutschlands gab es nach dem Zweiten Weltkrieg einen von oben verordneten Klassenkampf, die unterdrückte Klasse sollte die Schlösser und die Reste der Klassengesellschaft zerstören. Junkerland in Bauernhand. Inzwischen sind dieser Staat und seine Gleichheitsideologie verschwunden, und auch erste SPD-Politiker erkennen die Folgen einer vierzigjährigen Vernichtung und Verhinderung von Großbürgertum und Bürgertum. Aber so etwas darf man natürlich nur in Klammern schreiben.)

Unser klassenfeindliches Klassensystem hat leider niemandem mehr beigebracht, soziale und finanzielle Unterschiede als ein Naturgesetz zu akzeptieren, wie das in Frankreich und England ganz selbstverständlich geschieht. Das Einzige, was uns beigebracht wurde, sind die unbestreitbaren negativen Folgen der Klassensysteme in diesen Ländern. In Deutschland, einem Land, das die Gleichheit zur Ideologie gemacht hat, soll man stattdessen ein schlechtes Gewissen haben, wenn man ungleich ist. Deswegen stehen an den Klingelschildern keine Namen mehr, damit niemand sieht, wer sich dahinter das große Haus gebaut hat, und deswegen fahren wir lieber länger den alten Wagen, damit kein Neid entsteht. Und der neue Porsche steht in der Garage im Ferienhaus auf Mallorca. Die Angst vor dem Sozialneid ist, so hat Rainer Hank geschrieben, vielleicht das entscheidende Hindernis für die wirtschaftliche Gesundung Deutschlands. *Das Ende der Gleichheit* heißt sein kluges Manifest, in dem er klarmacht, dass eine drastische Spreizung der Einkommen und Lebenslagen nicht nur unvermeidlich ist, sondern auch gerecht. Er plädiert dafür, dass man endlich aufhören solle, den Begriff der sozialen Gerechtigkeit zur heiligen Kuh zu machen. Nicht der Erfolg ist in Deutschland etwas, dem man Anerkennung zollt, sondern das Mittelmaß. Ein Minister wird erst dann richtig geschätzt, wenn es Urlaubsbilder von ihm gibt, die ihn in einer kleinen Pension im Kleinwalsertal zeigen. Und die Gebrüder Albrecht dürfen nur deshalb gesellschaftlich geachtet mit Aldi Milliarden scheffeln, weil sie weiterhin bescheiden einen Golf fahren. Wer schon Geld verdient oder erfolgreich ist, der sollte alles dafür tun, es zu verbergen. Nur so kann die deutsche Gesellschaft ihren Neid im Zaum halten. Wer erfolgreich ist, muss sehr viel Mühe darauf verwenden, weiterhin halbwegs normal zu wirken.

Verstärkt wird dies noch durch die Ansicht, dass Arbeit gut ist und Nicht-Arbeiten schlecht. So ist jeder Topmanager stolz, wenn er verkündet, er habe einen 16-Stunden-Tag, weil er, so sieht es die gesellschaftliche Norm vor, damit kein schlechtes Gewissen haben muss – vor sich selbst und vor den anderen. Wenn er schon so viel verdient, so lautet der disziplinierende Spruch, dann muss er auch so viel arbeiten. Niemand kommt auf die Idee, dem Top-Manager mit dem 16-Stunden-Tag ein schlechtes Gewissen einzureden, weil er auf diese Weise wahrscheinlich erst nach zwei Jahren mitbekommt, dass sein Sohn laufen kann, und dass seine Tochter in der Pubertät war, merkt er erst, wenn sie schwanger ist. Doch für die Vernachlässigung der Familie wird man gesellschaftlich leider immer noch nicht gestraft, nur für die Vernachlässigung der Arbeitspflicht. Die Arbeit hat ein gutes Gewissen. Bewundert wird nicht der gut gebräunte Manager, der wenig arbeitet und seine Familie sieht und den Müßiggang pflegt und trotzdem im Beruf erfolgreich ist, sondern der blasse Aktenfresser, der sechzehn Stunden arbeitet und in Interviews stolz bemerkt, er habe mit seiner Ehefrau »feste Telefonzeiten«.

Übung: Heute fahren wir mit einem Mercedes der S-Klasse mit einem Sylt-Aufkleber auf dem Heck in ein brandenburgisches Dorf, wohnen dort in der Suite des Schlosshotels und fahren im Schritttempo durchs Dorf. Wenn wir einen Dorfbewohner sehen, lassen wir mit dem automatischen Fensterheber die getönte Scheibe etwas herab und überreichen ihm einen Aufkleber mit dem Hinweis »Eure Armut kotzt mich an«. Dann fahren wir langsam weiter.

15. Heute habe ich stellvertretend ein schlechtes Gewissen für meine Eltern oder Kinder und für die Gäste in Nachmittagstalkshows

Wer das schlechte Gewissen ernst nimmt, also als den entscheidenden Motor der Welt begreift, der wird früh damit beginnen, nicht nur für das eigene Handeln Schuld zu empfinden – und zwar sowohl vor sich selbst als auch vor anderen. Bald auch wird er anfangen, immer dann für andere ein schlechtes Gewissen zu entwickeln, wenn er sich nicht ganz sicher ist, ob die Betreffenden das ausreichend tun. Ein ganz gutes Training ist der Schulunterricht, wenn der Lehrer den Tischnachbarn aufruft und man weiß, dass er nicht weiß, was er da gefragt wird, und man sich stellvertretend für ihn mulmig fühlt, wenn er sich windet und windet. Leider verübelte mir das dann auch jahrelang das Gucken der Sportschau – wenn die Spiele vorbei waren und die Fußballreporter dann auf die verschwitzten, erschöpften Spieler trafen und sie danach fragten, warum es nicht geklappt habe. Dann redeten die Spieler, die ich eben noch bewundert hatte, plötzlich so gigantisch belanglos daher, dass ich manchmal den Ton leiser drehte: So wollte ich meine Helden nicht vorgeführt bekommen. Ähnlich ist es heute mit den Nachmittagstalkshows, in denen debattiert wird, wer dreckige Füße hat, wer zu fette Beine hat und wer seine Kinder schlägt, und wenn man dann so zuhört und spürt, dass weder die Gäste dieser Talkshows noch die Moderatoren oder die Sendeanstalten ein schlechtes Gewissen sich selbst gegenüber, den Opfern gegenüber oder den Zuschauern gegenüber haben, denen man dieses Gewäsch zumutet, da kann man dann, vorausgesetzt man hat ein gut trainiertes schlechtes Gewissen, schon mal den Fernseher ausschalten, weil man verhindern will, dass dieses Elend weiter in die Welt hineindringt. Zumal in diesen Momenten die Peinlichkeit, die man stellvertretend für die anderen empfindet, schon meist überlagert wird von dem dann noch größeren schlechten Gewissen, das man vor sich selbst hat, weil man so lange sinnlose Fernsehsendungen angeschaut hat.

In seiner reinsten und unentrinnbarsten Form entfaltet sich das stellvertretende schlechte Gewissen aber, wenn man mit seinen Eltern unterwegs ist. Das war immer im Urlaub so, wenn man das Gefühl hatte, die Eltern hätten die hässlichsten Badeanzüge, und das war dann später nicht anders, wenn einen die Eltern besuchten und man ein schlechtes Gewissen dafür hatte, dass die Mitbewohner in der Wohngemeinschaft sahen, dass sie einem frischen Honig von zu Hause mitbrachten, oder wenn sie davon zu erzählen anfingen, in welch einfachen Verhältnissen man nach dem Krieg aufwuchs – »Damals hätten wir uns gefreut, wenn wir überhaupt ein Dach über dem Kopf gehabt hätten, die heutige Jugend weiß gar nicht mehr, was Entbehrung bedeutet«. Auch gibt es oft Nachgeborene, die ein schlechtes Gewissen dafür hatten, dass ihre Eltern oder Großeltern kein schlechtes Gewissen dafür haben, was im Dritten Reich geschah. In der Regel zeigt man das dann den Eltern, sodass die Eltern total verunsichert sind, wenn sie mit uns unsere Freunde treffen und genau deshalb genau die falschen Fragen stellen. Schön ist es auch, wenn man mit seinen Eltern im Auto sitzt, und die Mutter fährt so langsam, dass der Hintermann hupt und man sich dann ein wenig für die Mutter mit schämt, die, als sie das Hupen hört, selbstverständlich glaubt, das gelte jemand anderem. Das schlimmste – und berechtigste – schlechte Gewissen bekommen Kinder jedoch erst, wenn sie ihre Eltern ins Altenheim abschieben. Sie lügen sich dann sehr lange etwas in die Tasche, wonach es für die Älteren bestimmt einfacher sei, gleichaltrige Gesprächspartner zu haben und den Arzt im Haus, um mit vielen Worten von dem bohrenden Schuldgefühl abzulenken, das sie haben, weil sie Angst haben, dass die Eltern im Haus sie davon abhalten würden, alle sechs Wochen für ein Wochenende nach Mallorca zu fliegen. Aber natürlich gibt es auch den umgekehrten Fall, natürlich gibt es auch die Eltern, die ihrem Kind täglich ein schlechtes Gewissen machen – ob bewusst oder unbewusst. Das Kind hat dann ab einem gewissen Alter bereits ein schlechtes Gewissen allein für die Tatsache, dass es jung ist und die Eltern alt sind. Wird dann sogar noch ein Elternteil krank, darf sich das Kind sogar schuldig dafür fühlen, gesund zu sein. Ein krankes Mitglied in einer Familie kann auf subtile Weise alle anderen in tiefe Schuldgefühle verstricken. Das schlechte Gewissen, das daraus resultiert, ist das schlechte Gewissen in seiner schlimmsten Form – man soll sich dafür schuldig fühlen, auf der Welt zu sein. Das Leben kann dadurch zum Albtraum werden, wie Helga Schubert es in ihrem Buch *Judasfrauen* in dem bedrohlichen Monolog einer Mutter erzählt: »Du solltest dich schämen, so zu deiner Mutter zu sprechen, nach allem, was ich für dich getan habe, für dich entbehrt, gelitten, du kamst unerwünscht, die berufliche Karriere hast du mir unterbrochen, ja abgebrochen, die beschwerliche Schwangerschaft, die schwere Geburt, ohne dich wäre ich nicht bei deinem Vater geblieben, ohne dich hätte ich wieder heiraten können, aber eine Witwe mit Kind bei der Konkurrenz nach dem Krieg? Deinetwegen habe ich auf alles verzichten müssen, auf eine neue Familie, Reisen, unbeschwerten Reichtum, meine Begabungen konnte ich nicht entdecken, meine Interessen nicht befriedigen, viel Geld musste ich ausgeben für dich, weißt du überhaupt, wie viel materielle Opfer ein Kind fordert? Undankbar bist du, es wird dir noch einmal Leid tun.« Na, denn fröhliche Weihnachten.

Aber auch als junge Eltern kann man sich problemlos jeden Tag ein Stückchen schlechtes Gewissen erobern: Es beginnt damit, dass die Frau ihrem Arbeitgeber sagen muss, dass sie nun schwanger ist und sie ein schlechtes Gewissen dafür hat, dass sie ihm nicht schon vor einem Jahr, als er sie einstellte, gesagt hat, dass sie sich gerne bald Kinder wünsche. Nun fühlt sie sich, als hätte sie ihn ein wenig ausgenutzt. Viel schlimmer aber ist das schlechte Gewissen gegenüber der Kollegin, die ihr seit dem ersten Tag erzählt, wie gerne sie Kinder hätte, aber wie erfolglos sie und ihr Mann es nun seit fünfzehn Jahren versuchen würden. Und am schlimmsten ist das schlechte Gewissen gegenüber der Schwiegermutter, der sie gestehen muss, dass sie ihr Kind nicht stillt. Eventuell hat sie sogar später, wenn sie liest, dass Stillen dem Kind gut bekommt, ein schlechtes Gewissen gegenüber dem Kind. Dann kommt das unlösbare Windel-Schuldgefühl. Wer Wegwerfwindeln nimmt, macht sich eines Deliktes schuldig, für das sich dagegen die Anklageschrift des Europäischen Menschengerichtshofes gegen Slobodan Milošević liest wie ein Vorwurf auf Ladendiebstahl. Der Wegwerfwindelnutzer also macht sich folgender Umweltverbrechen schuldig, wie die Firma Naturwindeln.de in schöner Ausführlichkeit dargelegt hat: Er erzeugt nicht verrottbare oder recycelbare Überreste bei der Entsorgung, der Berg, den ein dreißig Monate altes Wickelkind produziert, wäre rund fünf Meter hoch und würde eine Tonne wiegen. Die Wegwerfwindeln sind im Schnitt rund fünf Prozent des deutschen Müllaufkommens. Für jeden Zehnerpack Wegwerfwindeln braucht man den Zellstoff eines gesunden dreißigjährigen Ahornbaumes, der dafür brutal gefällt werden muss. Aber die Firma Naturwindeln.de weiß, dass es keinen Ausweg gibt. Denn auch wer Stoffwindeln nutzt, sollte sich nicht frei fühlen von Schuld – so gibt es »übertriebenen Wasserverbrauch und Pestizideinsatz beim Anbau der Baumwolle« und, besonders schön, »Luftbelastung, die durch das Ausfahren des Windeldienstes entsteht«. Es gibt also kein Entkommen. Wer ein Kind zeugt, macht sich der Umweltzerstörung schuldig.

Und so geht es dann immer weiter. Bald schon wird die Mutter ein schlechtes Gewissen dafür haben, dass ihre Kinder im Restaurant schreien, beim Besuch bei Tante Nati nichts essen wollen und sie immer abends schon um halb zehn müde wird, obwohl sich ihr Mann so sehr auf einen gemütlichen Abend mit ihr gefreut hatte. Dann wird sie bald ein schlechtes Gewissen vor ihren Freundinnen haben, dass sie sich gar nicht mehr meldet, und wenn doch, dass sie nur noch von ihrem Kind erzählt. Dann wird sie ein schlechtes Gewissen haben, wenn sie von den anderen Müttern im Kindergarten erfährt, dass die ihre Kinder schon kurz nach der Geburt in der katholischen Mädchenschule angemeldet haben – »Wem sein Kind etwas wert ist, dem darf keine Mühe zu groß sein«. Bald schon wird sie sich schuldig fühlen, wenn sie am Rande des Spielplatzes auf einer Bank sitzt und sieht, wie ihre Tochter die große Sandburg zertrampelt, die zwei andere Mädchen mühsam gebaut haben. Sie wird sich dann schuldig fühlen, wenn ihre Tochter sie mit zwölf Jahren fragt, warum sie Klavierunterricht nehmen müsse, und sie wird sich dann wieder schuldig fühlen, wenn ihre Tochter sie mit zweiundzwanzig Jahren fragt, warum sie damals nicht härter gewesen sei und sie zum Klavierunterricht gezwungen hätte. Sie wird ein schlechtes Gewissen haben, wenn ihr die Lehrerin am Elternsprechtag sagt, dass ihre

Tochter immer die anderen ablenke. Das ist der Beginn einer lebenslangen Gewissensfrage, die da lautet: Habe ich sie falsch erzogen? Sie wird ein schlechtes Gewissen haben, wenn sie ihrer Tochter nicht bei den Lateinhausaufgaben helfen kann, so wie die anderen Mütter. Und immer so weiter. Und von den schlechten Gewissen der Väter, die keine Zeit für ihre Kinder haben und sie in den ersten zwei Jahren nur schlafend sehen, wollen wir jetzt einmal gar nicht reden. Zusammen mit den Schuldgefühlen der Mutter gehen sie auf keine Kuhhaut.

Übung: Wir fahren auf einen beliebten Kinderspielplatz, zerstören alle Sandburgen mit einer Schneeschippe, bestreichen die Rutsche mit Kleister und brüllen dann die Eltern auf den Bänken an mit »Selber blöd«.

16. Heute gehe ich rauchend bei Rot über eine Ampel, an der drei Mütter mit ihren Kindern warten

17. Heute besuche ich jemanden

Man sollte sich immer gut überlegen, ob man Einladungen annimmt. In der Regel empfiehlt es sich, sie abzusagen, doch da genau das wiederum ein zu schlechtes Gewissen erzeugen würde, weil man eigentlich keinen plausiblen Grund dafür hat, nimmt man zu oft Einladungen an. Ideal sind Abende mit sechs oder acht anderen Gästen. Hat man nicht das seltene Glück, andere Gäste vor der Tür der Gastgeber zu treffen und somit gleichzeitig zu erscheinen, hat man in der Regel damit zu kämpfen, dass man sich nur aussuchen darf, ob man zu früh oder zu spät gekommen ist. Steht man dann etwas beklommen in Flur oder Küche umher, kommt die nächste gesellschaftliche Disziplinierungsmaßnahme, wenn man sieht, was die anderen für Geschenke mitgebracht haben. Hat man selbst eine Krawatte angezogen und schöne weiße Rosen für die Gastgeberin gewählt, erscheinen die anderen lässig in Jeansjacke und mit einer, offensichtlich gerade an der Tankstelle erworbenen, Rotweinflasche in der Hand. Hat man selbst gedacht, am besten sei es, gar kein Geschenk mitzubringen, kommen unmittelbar danach zwei Gäste, die sogar noch kleine Malbücher für die beiden Kinder der Gastgeber mitgebracht haben. Und so geht es dann munter weiter. Alle sitzen. Das Essen wird serviert und es schmeckt überraschend gut, ich versuche, mich darauf zu konzentrieren, nicht mit der Suppe zu kleckern, eine sehr anspruchsvolle Aufgabe, die noch dadurch erschwert wird, dass ich keine Suppe mag. Nachdem ich fünf Löffel davon hochkonzentriert an meinen Mund geführt habe und nochmals daran denke, wie gut die Suppe schmeckt, sagt der Gastgeber schon laut und vernehmlich zur Gastgeberin: »Wie gut doch die Suppe schmeckt, wirklich super.« Kurz jault das schlechte Gewissen auf über das verpasste Kompliment, das hier offenbar dringend angestanden hätte. Einladungen setzen einen permanent unter erheblichen Komplimentedruck: Man muss eigentlich die Inneneinrichtung, die Lage der Wohnung und die Poster im Flur loben, wenn man dies wegen allzu großer Hässlichkeit vergisst, ahnt man spätestens auf dem Nachhauseweg, wie sehr die Gastgeber auf diese Floskeln der Anerkennung gewartet hätten. Fühlt man sich derart unter Druck gesetzt, lobt man meist genau das Falsche: So schwärmt man dann bei einem festlichen Abendessen besonders für die Sauce, am Gesichtsausdruck der Gastgeberin erkennt man sofort, dass etwas nicht stimmt, und wenn sie ein wenig, wie alle Gastgeberinnen, masochistisch veranlagt ist, dann wird sie sofort antworten: »Die Sauce ist das Einzige, was ich fertig gekauft hatte.« Sehr beliebt ist es auch, die Nachspeise zu loben, die dann als Einziges nicht von der Gastgeberin gemacht wurde, sondern ein Mitbringsel ihrer besten Freundin war. Hat man die Gelegenheit verpasst, das Essen zu loben, oder hat nur das Fertigprodukt gelobt, versucht man, auf die Inneneinrichtung abzuschweifen. Experten gelingt es dann, auf den ersten Blick genau die Lampe oder das Möbelstück anzupreisen, das aus der ersten Ehe des Gastgebers stammt oder das ihr von der verhassten Schwiegermutter geschenkt wurde. Leider steht so etwas auf den Dingen nicht drauf, und so ist das Komplimenteverteilen keineswegs, wie immer gesagt wird, eine leichte Angelegenheit, um Sympathiepunkte zu sammeln. Es ist eher die größte Gefahrenquelle für einen Stimmungskollaps. Besonders kompliziert wird es dabei, wenn die Gastgeberin glaubt, dass man es vorher wusste, dass man nicht das mühselig gekochte Essen, sondern nur das Fertigprodukt lobte und dass es perfide Berechnung war, die Lampe schön zu finden, obwohl man eigentlich wusste, dass sie sie so sehr hasste, sie aber nicht abhängen durfte, weil es ein Geschenk der Schwiegermutter war.

Wem solches passiert ist, der wird keinen Besuch bei Freunden oder Bekannten mehr antreten, ohne innerlich gehörig zu verkrampfen. Das ist insofern besonders gut, als erst durch richtige Verkrampfung besonders ergiebige Quellen für schlechtes Gewissen entstehen. Auch ist es in der Regel so, dass man immer so lange Ausreden erfinden muss, wieso man die Einladungen nicht annimmt, dass es einem irgendwann selbst peinlich ist, wieder unter gespieltem Hustenanfall den Sonntagnachmittagskaffee bei Tante

Trude abzusagen. Aber auch wenn man dann hingeht und bei Tante Trude Kaffee trinkt oder einmal zur Geburtstagsfeier des Arbeitskollegen geht, beginnt man spätestens nach zwei Stunden, darüber nachzudenken, welche Ausrede man sich einfallen lässt, um den Besuch vorzeitig zu beenden. Ich habe ein sehr schlechtes Gewissen dafür, schon einhundertneunundzwanzig Besuche durch erfundene Folgetermine vorzeitig beendet zu haben. Leider gilt ja Müdigkeit hierzulande nie als Grund, zumindest nicht vor halb zwölf, ja, wer müde ist, dem glaubt man nicht, weil allzu viele dieses Argument vorbringen, wenn sie keine Lust mehr haben. So darf man nun, wenn man sagt, man wolle gehen, weil man müde ist, ein schlechtes Gewissen dafür haben, dass der Gastgeber denkt, man sage dies, weil es einem langweilig ist, falls man also wirklich müde ist, getraut man sich nicht, es zu sagen, obwohl das ehrlich wäre, und erfindet dann einen weiteren Grund, den man dann vorlügt, was sofort auffällt, weshalb der Gastgeber glaubt, es sei einem langweilig, was ja nicht der Fall ist, weil man ja nur todmüde ist.

Jedes Mal, wenn ich mich quäle, nehme ich mir vor, das nächste Mal einfach wieder gleich vorher abzusagen, aber das ist eine Kunst, die kaum jemand beherrscht. Wie sagt man ab, ohne ein schlechtes Gewissen zu bekommen? Die Altmeister des Absagens lehren einen: mit Mut. Nur nicht herumeiern, nur keine fadenscheinigen Gründe vorschieben. Arthur Schnitzler also schreibt einer Dame, die etwas von ihm wissen will: »Da ich es aus prinzipiellen Gründen stets vermeide, mich zu meinen Arbeiten erläuternd zu äußern, kann ich auch in Ihrem Fall nichts anderes tun, als für Ihr freundliches Interesse bestens zu danken.« Schon nicht schlecht. Aber man lese erst Henrik Ibsen und dessen am 20. Mai 1890 verfasste ultimative Absage an einen Verehrer: »Brief erhalten. Bin sehr beschäftigt. Ein Vortrag von mir selbstverständlich unmöglich. Brauche Ruhe und mag nicht gern gestört werden.« So würde es ein jeder gerne können. Doch so kann es niemand mehr. Und so sagen wir dann lieber lustlos zu, als uns vor uns selbst und vor den anderen mit Schuldgefühlen zu plagen. Aber das ist naiv, denn aus überwundenen Schuldgefühlen kann sich eine lebenslange Schuld entwickeln. Als Holger das erste Mal bei seinem neuen Chef zu Hause eingeladen war, kippte er vor Freude oder vor Aufregung das gesamte Rotweinglas auf das Eisbärenfell vor dem Kamin. Nach dem üblichen Wortwechsel – Oh, Gott! Das macht doch gar nichts! Oh, das ist mir aber sehr unangenehm! Ach, ein bisschen Salz, und morgen ist es weg! – ging man zur Tagesordnung über, Holger musste aber während des gesamten Abends wie gebannt auf das Rot blicken, das in die Fasern des Eisbärenfells hinaufgekrochen war. Leider blieb Holger lange in dieser Firma, und leider lud der Chef immer wieder zu sich nach Hause ein, und leider lag über all die Jahre immer das befleckte Eisbärenfell auf dem Boden, und Holger schämte sich, der Chef brachte jedes Mal das Gespräch auf das Missgeschick, und Holger wagte so auch nach vielen Jahren kein Widerwort, zu groß war seine Schuld.

Als ich einmal den Vorsitzenden eines sehr großen Sängervereins zu Hause besuchte, um ihn für den *Schlitzer Boten* zu interviewen, schockierte mich beim Eintritt die gestriegelte Inneneinrichtung – kein Staubkorn war zu sehen, die Fliesen im Wohnzimmer glänzten, und von der sehr hellen Couchgarnitur war wohl erst kurz vor meinem Besuch die Schutzhülle abgezogen worden. Ich setzte mich also auf sein Geheiß auf die Couch und begann, ihn zur Frage der Nachwuchssorgen in deutschen Männergesangvereinen zu befragen. Eigentlich dachte ich, ich hätte einen Filzstift mitgenommen, doch ich konnte ihn nicht finden und bat darum den Gesangvereinsvorsitzenden um einen Kuli und schrieb mit, was er mir mitteilte zur Lage des deutschen Liedguts. Nach einer guten Stunde etwa, und dreißig voll geschriebenen Zetteln, ließ ich einmal ganz kurz meine Blicke schweifen. Da entdeckte ich, dass ich den schwarzen Filzstift doch nicht vergessen hatte, er mir aber wohl beim Hinsetzen runtergefallen war und nun in meinem Schoß auf dem Sofa lag. Als ich ihn während des Gesprächs aufheben und den Fund mit »Da ist er ja« kommentieren wollte, bekam ich akute Hitzewallungen: Leider lag der Filzstift mit geöffneter Kappe in meinem Schoß, und die schwarze Filzstiftspitze hatte sich in die Oberfläche des sorgsam gehüteten hellen Sofas gebohrt und dort entsprechend Unheil angerichtet. Ich hatte kurzzeitig das Gefühl, unter meinem gesamten Po befände sich eine einzige schwarze Lache. Mir brach der Schweiß aus, und ich versuchte krampfhaft, die Blicke des Gesangvereinsvorsitzenden nicht auf das Sofa zwischen meinen Beinen zu lenken. Ich sah meine einzige Rettung darin, dass ich plötzlich erklärte, ich hätte nun alles, was ich brauchte, aber ich hätte eben im Flur so ein interessantes Poster gesehen, wo er das denn herhabe. Leider ging der Gesangvereinsvorsitzende nicht darauf ein und blieb sitzen. Ich fing noch einmal von dem Poster im Flur an und bat ihn, es mir zu erklären. Tatsächlich erhob er sich und ging Richtung Flur, ich erhob mich gleichfalls, in dem Moment, als er nicht mehr in Richtung Sofa blickte, und folgte ihm, immer von der Panik erfasst, er könnte noch einmal zurückkehren. In diesem Fall wäre nicht er, sondern ich zur Salzsäule erstarrt. Als er schon im Flur war, wagte ich noch einen schnellen Blick zurück auf das Sofa. Dort hatte sich inzwischen eine schwarze Lache mit den ungefähren Ausmaßen des Bodensees in das helle Sofa eingefressen. Als wir im Flur waren, sagte ich dem Gesangvereinsvorsitzenden noch einmal, das Poster sei sehr interessant, genauso interessant wie alles, was er gesagt habe, dann verabschiedete ich mich mit einem Blick auf die Uhr und sagte, ich müsste nun ganz dringend weg. Ich rannte das Treppenhaus hinunter, rannte zu meinem Wagen und raste davon, als hätte ich eben einen Mord begangen. Ich fuhr sofort in die Redaktion und schrieb dort einen Text über den Gesangvereinsvorsitzenden, der wahrscheinlich der schleimigste und arschkriecherischste Artikel war, der je in der deutschen Zeitungsgeschichte über einen Gesangvereinsvorsitzenden geschrieben wurde.

Doch es sind nicht nur die Flecken von Filzstiften, die Probleme machen, wenn man außer Haus geht. Sehr schwierig war auch der Fall, als ich beim ersten Abendessen bei den Eltern meiner ersten Freundin war und es dort leider nur Brote und Belag gab. In meiner grenzenlosen Dummheit wählte ich als Belag rohen Schinken, was zur Folge hatte, dass sich immer der eine Teil des Schinkens in meinen Zähnen verhakte, während der andere zunächst noch auf der Butter festklebte, dann aber frei schwebend vor meinem Mund hing, während das Brot ohne Belag in meiner Hand lag. Nachdem ich irgendwann das Brot und den Schinken aufgegessen hatte, spürte ich zwischen den Schneidezähnen einen unangenehmen Schinken- oder Fettfetzen hängen, den ich durch dezentes Entlangratschen meines Zeigefingernagels zwischen den Schneidezähnen leider nicht entfernen konnte. Da ich befürchten musste, dass dieser Fettfetzen für alle sichtbar zwischen meinen Zähnen hing, erhob ich mich kurz, um ins Bad zu gehen. Ich gurgelte möglichst leise mit Wasser und ratschte dann noch einmal mit der Zunge und dem Zeigefingernagel in der Ritze herum, bis ich das Stück Fett endlich zu fassen bekam – es war eigentlich lächerlich klein und war nur in der Berührung und dem Rumfummeln mit der Zungenspitze zu einem Riesen angewachsen. Dann warf ich den kleinen Fettfetzen ins Klo und spülte und erinnerte mich an heute Morgen, als ich einfach den Rest der Spaghetti Bolognese von gestern Abend ins Klo geschüttet hatte und mich dabei schämte wegen der Kinder in Afrika. Aber durch das Spülen kann man das schlechte Gewissen so wunderbar schnell wegspülen, deshalb tut man Essensreste auch lieber ins Klo als in den Abfall, obwohl es dafür keinen richtigen Grund gibt. Aber wenn man die alten Spaghetti Bolognese in die Mülltüte wirft, dann muss man noch mindestens einen Tag lang immer, wenn man Apfelschalen oder Joghurtbecher reinwirft, den Anblick der zerlaufenden Spaghetti Bolognese ertragen, und von solcher Gewissenspein befreit natürlich der Wurf ins Klo. Als ich mir die Hände abgetrocknet hatte, sah ich, dass das Wasser, das ich nach dem Gurgeln zurück ins Waschbecken gespuckt hatte, leider zum Teil auf meinem Hosenlatz gelandet war, ja, leider sah bei Lichte besehen die Region unterhalb des Gürtels aus, als sei etwas anderes danebengegangen – auf jeden Fall konnte ich so nicht wieder an den Tisch treten. Ich hielt Ausschau nach einem Föhn, machte mir dann aber Gedanken, was wohl meine Freundin und ihre Eltern denken würden, wenn sie bei einem Abendessen kurz nach sieben Uhr plötzlich Föhngeräusche aus dem Bad hören würden. So begann ich zu rechnen, wie lange es möglich war, im Bad zu bleiben, ohne dass es unhöflich war oder kurios wirkte, und andererseits, wie lange es wohl dauerte, bis ein Wasserfleck auf einer khakigrünen Hose verschwunden ist. Als ich das Gefühl hatte, nun müsse ich wieder zum Tisch gehen, weil sonst Ungemach drohte, merkte ich an den Blicken der Eltern, dass khakigrüne Hosen doch länger brauchen, als ich berechnet hatte, um komplett trocken zu werden.

Übung: Wir lassen uns zum Abendessen einladen und sagen, wenn das Fleisch aufgetragen wird, dass wir leider Vegetarier sind. Als uns ein Salat gemacht wird, sagen wir, dass er leider nicht schmeckt, wir es aber gewöhnt seien, auf diese Weise ausgegrenzt zu werden.

18. Heute fühle ich mich schlecht,
weil ich ein weißes T-Shirt
von Boss trage

Die Theorie geht so: Für Jugendliche sind Markenprodukte deshalb so wichtig, weil sie aus dem Tragen der richtigen Marke ihr Selbstbewusstsein ziehen und sich von den Trägern falscher Marken abgrenzen. Marken erleichtern das Leben. Die Praxis hingegen sieht anders aus: In Wirklichkeit nämlich machen einem die Marken nur das Leben schwer. Ich schreibe dieses Kapitel in einem weißen T-Shirt von Boss. Das sieht man nicht, weil T-Shirts die angenehme Eigenschaft haben, dass man ihre Marken erst erkennt, wenn man beim Waschen ins Etikett gucken kann, und ins Etikett dürfen einem ja höchstens die Freundin und die Putzfrau blicken. Ich trage also ein stinknormales weißes T-Shirt, dem niemand ansieht, dass es von Boss ist. Ich muss also eigentlich ein schlechtes Gewissen dafür haben, dass ich es überhaupt bei Boss gekauft habe, es ist ein so gewöhnliches und schlichtes Kleidungsstück, dass es eigentlich wirklich nicht nötig gewesen wäre, hier ein Markenprodukt zu kaufen. Neben dem schlechter Gewissen, das ich schon seit der ersten Seite dieses Buches habe, weil ich immer wieder von mir selbst schreibe, habe ich nun noch ein erhöhtes schlechtes Gewissen, weil ich ein T-Shirt von Boss trage. Denn neben dieses, nennen wir es: Basisschuldgefühl, das ich gegenüber den konsumkritischen Lesern empfinde, und für mein Interesse an Marken und für diese Marke mit ihrer gewissen Schnöseligkeit selbst tritt ein neues, mitunter noch stärkeres Schuldgefühl. Es könnte ja sein, dass unter den Lesern Menschen sind, die es lächerlich finden, dass ich es tatsächlich noch für angebracht halte – a) im Jahre 2001 über Kleidermarken als Charakteristikum zu reden, obwohl Tom Wolfe, Bret Easton Ellis und Christian Kracht das längst und vor Urzeiten abschließend geklärt haben und dass ich b) offenbar Boss für eine so angesagte Marke halte, dass ich es wage, mein T-Shirt von dieser Marke selbst zum Thema meines Buches zu machen. »Wie schon in seinem ersten Buch, so redet Illies auch in ›Anleitung zum Unschuldigsein‹ nur über sich selbst und seinen Kleiderschrank« – das ist die Zeile, die ich dann befürchte, und natürlich habe ich auch sogleich ein schlechtes Gewissen dafür, dass ich inzwischen so verdorben bin, dass ich beim Verfassen meines Buches bereits die Öffentlichkeitswirkung mit bedenke.

Was ich mit diesem Beispiel andeuten wollte, ist dies: Es wäre naiv zu glauben, mit dem Kauf eines Kleidungsstückes sei das Kapitel Markenbewusstsein innerhalb einer Konsumbiographie bereits abgeschlossen. Es geht neben dem Selbstbewusstsein, das aus dem Tragen und Besitzen der richtigen Marke erwächst, eben auch immer um die Schuldgefühle, die daraus entstehen, die richtige oder die falsche Marke zu haben. Denn ein und dieselbe Marke löst innerhalb unterschiedlicher sozialer Systeme völlig unterschiedliche Reaktionen aus. So gut und richtig man sich fühlt, wenn man am Strand am französischen Atlantik oder beim Tennisspielen ein Polohemd von Lacoste trägt, so peinlich und deplatziert war es, wenn mich meine Klassenkameraden damit sahen. Sie fanden das nicht nur uncool, sondern auch hässlich, und es brauchte Jahre, bis ich meine Mutter davon überzeugen konnte, dass sie mich aus dem Klassenverband ausgrenze, wenn sie mich zum Tragen von Lacoste-Poloshirts nötigte. Sie sagte dann immer, das sei doch albern, denn sie kaufte die doch gar nicht selbst, sondern wir würden nur die abgetragenen von unseren Cousinen bekommen, aber ich konnte ihr nicht klarmachen, dass dieser feine Unterschied meinen Klassenkameraden sehr egal sei, denn schließlich stünde auf dem kleinen Krokodil nicht drauf: »Ich bin gar nicht teuer gewesen, sondern nur das ausrangierte Polohemd von Florians Cousine aus Gießen.«

Doch auch bei den Marken, die von den Klassenkameraden und damit der wahrscheinlich argwöhnischsten und genauesten Betrachtergruppe akzeptiert waren, konnte man sich problemlos ein schlechtes Gewissen einhandeln, wenn man nur rechtzeitig anfing, kompliziert zu denken. Es gab eine Zeit, als alle plötzlich Rucksäcke von Benetton als Ranzen mit in die Schule nahmen. Leider gelang es mir nicht sofort nach Aufkommen des Trends, meine Eltern davon zu überzeugen, dass auch ich ab sofort einen Benetton-Rucksack brauchte, um weiterhin in der Klasse mithalten zu können. Zusätzlich verzögert wurde der Ankauf durch die Tatsache, dass wir in einer sehr kleinen Stadt lebten und die Fahrt in die nächstgrößere Stadt erst wieder in einigen Wochen auf dem Programm stand. Als ich dann jedoch endlich als Letzter der ganzen Klasse ebenfalls mit einem Benetton-Rucksack in die Schule kam, hatte ich fast ein Schamgefühl gegenüber den Trendsettern. Ich dachte, sie fänden es peinlich, wie sehr ich sie kopierte – und wie lange ich dafür brauchte. Inzwischen hatten nämlich diese Trendsetter längst zu alten ausrangierten Lederranzen übergewechselt, und die Peinlichkeit, wie ein Irrer hinter einem Benetton-Rucksack her gewesen zu sein, wurde noch einmal verstärkt durch das Gefühl, einer kurzlebigen Mode nachgelaufen zu sein – und offenbar einer Marke, die längst out war, wie ich merkte, als ich mit ebenjenem Rucksack aufs Gymnasium in die große Nachbarstadt wechselte und ich mich schuldig fühlte, weil ich mich mit diesem inzwischen stark abgenutzten Rucksack eindeutig als Landei auswies. Man kann sich also, ist das schlechte Gewissen nur ausreichend trainiert, für alles schuldig fühlen: gegenüber den einen dafür, dass man ein so großes Markenbewusstsein hat, gegenüber anderen, dass man offenbar ein nicht ganz so gut ausgebildetes Markenbewusstsein hat, und gegenüber Dritten wiederum dafür, dass man sein Markenbewusstsein zu einem falschen Zeitpunkt hatte.

Die Werbung hat dieses geheime psychologische Grundschema längst erkannt. Seltsamerweise wird es bislang aber nicht eingesetzt, um die Generation Golf zielgenau anzusprechen. Die einzige Zielgruppe, deren schlechtes Gewissen bereits seit Jahren als Angriffspunkt für subtile Werbung genutzt wird, ist hingegen die der Hausfrauen. Klassisch ist der Satz der Frau, die ihre Gläser aus der Spülmaschine holt und entsetzt feststellen darf: »Solche Spülränder, und in zehn Minuten kommt der Nachbar!« Gegen schlechtes Gewissen gegenüber Nachbarn hilft nur eines: Calgonit. Ähnlich operiert die Jacobs-Krönung-Werbung: Viele gut gelaunte Gäste kommen natürlich nur, wenn man nicht irgendeinen Kaffee, sondern eben Jacobs Krönung anbietet. Wer irgendeinen Kaffee anbietet und dennoch auf viele und nette Gäste hofft, ist naiv. Die Fernsehzuschauerin soll denken: War mein Kaffee das letzte Mal vielleicht so schlecht, und deshalb sind Frau Schmidtheinrich und Frau Will früher gegangen? Es geht also immer um die Frage, kann ich guten Gewissens vor den anderen – den Nachbarn oder den Damen vom Kaffeekränzchen – bestehen. Es gibt wahrscheinlich keine effektivere Werbung als diese. Merkwürdigerweise findet man sie eigentlich außerhalb der Kaffee- und Putzmittelwerbung nur am Straßenrand von Autobahnen, wo man permanent daran erinnert wird, den richtigen Abstand zum Vordermann zu halten, seinen Gurt anzulegen und nicht zu lange ohne Pausen zu fahren. Doch diese Werbung – ebenso wie die für die Schluckimpfung und für das Blutspenden oder *Brot für die Welt* –

appelliert zwar sehr deutlich an unser schlechtes Gewissen, aber jenseits aller Markenprodukte.

Das Schuldgefühl, das aus diesem Markenbewusstsein entsteht, ist das einer Reue nach dem Genuss. Zwar lässt sich angesichts einer Bang-und-Olufsen-Stereoanlage oder eines Mercedes jedes schlechte Gewissen immer mit dem Hinweis beruhigen, hier habe man sich eben langfristig für Qualität entschieden. Das ist aber auch nur ein Fall von vorauseilendem schlechten Gewissen: Wer darauf hinweist, will den Vorwurf, er habe zu teuer oder zu markenbewusst eingekauft, mit dem Hinweis auf die Sicherheit und Zuverlässigkeit entkräften – zwei Tugenden, für die man seltsamerweise nie ein schlechtes Gewissen zu haben braucht. Deswegen noch einmal: Mein weißes T-Shirt von Boss hält sicherlich sehr lange. Die Zeitschrift *Fit for fun*, die in jeder ihrer Ausgaben ihre Leser bei ihrem schlimmsten schlechten Gewissen, dem für mangelnde körperliche Fitness also, packt, schreibt über T-Shirts den bemerkenswerten Satz: »Ein gutes T-Shirt verschafft bei Mitmenschen Anschluss und bei Türstehern Verständnis. Wichtig ist der richtige Werbespruch.« So sitze ich nun in meinem weißen T-Shirt da und hoffe auf die Türsteher und andere Mitmenschen. Das war einmal anders. 1980 nämlich stellte Carolin Reiber in der *Funk-Uhr* fest: »Wenn schon mit Reklamespruch, dann sollte das Hemd aber nichts kosten. Und T-Shirts sollten generell nicht zu eng ausfallen. Der Verschluss des BHs darf sich auf keinen Fall abdrücken.« Dies ein schöner Hinweis für alle Damen, die also nicht nur durch das Kaufen von T-Shirts mit

Reklamesprüchen Schuldgefühle auf sich laden, sondern auch, wenn es zu eng ist. Aber Carolin Reibers Wort beschreibt auch noch etwas anderes: Die Selbstverständlichkeit, mit der sie bemerkt, dass T-Shirts mit Reklamespruch »wenigstens kostenlos« sein sollten, zeigt, dass es ihrer Meinung nach noch gewisse Schuldgefühle auslösen sollte, wenn man sich freiwillig zum Werbeträger für eine Marke hergibt. Das schlechte Gewissen für zu hohes Markenbewusstsein könne man eigentlich nur, so die No-Logo-Aktivistin Reiber, dadurch bekämpfen, dass man vor sich selbst sagen kann, dass es nichts gekostet hat. Die Zeitschrift *Fit for fun* beschreibt mit ihrem T-Shirt-Report präzise den Paradigmenwechsel im Reich des schlechten Gewissens: Schuldig fühlen muss sich danach nur der, der das falsche T-Shirt anhat. Und das, was falsch ist, kann sich in Windeseile ändern. Waren vorgestern noch T-Shirts mit alten Werbeaufdrucken für Jägermeister oder Nivea beliebt, so sind heute Persiflagen angesagt, und waren gestern noch flotte Bekenntnisse zu teuren italienischen Marken auf der Frontseite des T-Shirts beliebt, weil sie den Markenkult angeblich ironisch brachen, so gelten genau dieselben T-Shirts heute wieder als Ausdruck einer billigen Affirmation. Das Tempo hat angezogen, das schlechte Gewissen lauert auf jeden, der zu lange wartet. Sehr überraschend etwa der ultimative letzte Tipp der *Fit for fun*, kurz vor Redaktionsschluss: »Wer ein Shirt aus den Armeebeständen der israelischen Fallschirmspringerinnen-Truppe mit hebräischem Logo ergattert, weiß, wie's geht.« Da hat dann am Ende selbst der Markenkult den Bogen gefunden zum schönsten Feld, das sich das schlechte Gewissen in Deutschland bereitet hat. Wir sind mal wieder bei dem Schuldgefühl für die Verbrechen des Dritten Reichs. Wer ein T-Shirt mit hebräischen Schriftzeichen trägt, der ist nicht nur modern, sondern auch noch ein guter Mensch. Wer dieses T-Shirt trägt, darf als einziger Deutscher markenbewusst sein, ohne ein schlechtes Gewissen haben zu müssen. Wir anderen bleiben alle schuldig.

Übung: Heute tragen wir ein T-Shirt aus den Armeebeständen der israelischen Fallschirmspringerinnentruppe und stürmen damit in die Botschaft Syriens. Dann verteilen wir dort Kopftücher mit der Aufschrift »6-Tage-Krieg. Ich war dabei«.

19. Heute rufe ich den Bekannten, dem ich vor einem Jahr eine Internetaktie empfohlen habe, die inzwischen neunzig Prozent ihres Wertes eingebüßt hat, nicht zurück

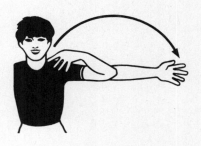

20. Heute rede ich mit Bernd

Bernd: Ich habe ein schlechtes Gewissen.
Ich: Aber warum denn?
Bernd: Ich weiß auch nicht so genau.
Ich: Seit wann hast du es denn?
Bernd: Ich glaube, seit ich in die neue Wohnung gezogen bin. Ich schäme mich dafür, ein Zimmer zu viel zu haben.
Ich: Aber das kann man doch vielleicht irgendwann einmal brauchen.
Bernd: Ja, aber mein Wohnzimmer ist so groß wie die gesamte Wohnung meiner Eltern. Ich habe Angst, dass Sie mich besuchen wollen.
Ich: Aber das kann doch noch nicht alles sein.
Bernd: Nein, aber ich habe Angst, dass meine Mutter dann sehen würde, dass ich auf der Kommode immer noch die gedruckten Fotos in den Bilderrahmen stehen habe, die in den Bilderrahmen drin sind, wenn man sie bei Ikea kauft. Meine Mutter hofft sicher, dass ich ein Foto von unserer Familie dort stehen habe oder eine der Zeichnungen meines Patenkindes.

Ich: Ach, komm, Bernd, da muss doch noch mehr sein.
Bernd: Nein, das stimmt. Aber ich habe so ein schlechtes Gewissen dafür, dass ich gestern Abend schon wieder fast vier Stunden im Internet gesurft habe. Einfach so. Ohne Grund. Nachher fühlte ich mich sehr schlecht.
Ich: Weil dich deshalb vier Stunden lang niemand erreichen konnte.
Bernd: Nein, das ist nicht schlimm. Ich war froh, dass mich niemand erreichen konnte. Es reicht mir, dass seit Tagen mein Anrufbeantworter blinkt, weil jemand draufgesprochen hat.
Ich: Aber den könntest du doch abhören?
Bernd: Ja, könnte ich, aber dann müsste ich bestimmt wieder irgendjemanden zurückrufen. Wenn ich ihn nicht abhöre, kann ich noch nicht wissen, was von mir verlangt wird, deshalb habe ich nur ein schlechtes Gewissen dafür, den Anrufbeantworter nicht abzuhören, aber noch kein schlechtes Gewissen dafür, den, der auf das Band gesprochen hat, nicht zurückgerufen zu haben. Das ist mir irgendwie lieber so.
Ich: Vor wem hast du denn solche Angst?
Bernd: Ich habe Sorge, dass mich Patrick anruft, ein alter Freund von mir, er hat ein Kind bekommen, vor einem halben Jahr, aber ich kann mich nicht mehr erinnern, wie er sein Kind genannt hat. Und nun ist es zu spät zum Fragen. Ich weiß noch nicht einmal mehr, ob es ein Junge oder ein Mädchen ist. Das ist mir sehr unangenehm.
Ich: Aber das kann doch noch nicht alles sein.

Bernd: Nein.
Ich: Hat es was mit Frauen zu tun?
Bernd: In gewisser Weise ja. Ich war gestern Abend mit einer Frau aus, und jetzt habe ich ein schlechtes Gewissen.
Ich: Warum denn?
Bernd: Ich habe ihr versprochen, sie wieder anzurufen, aber ich weiß schon jetzt, dass ich es nie tun werde. Ich fand sie doch eher blöd. Aber das ist noch nicht alles.
Ich: Und zwar?
Bernd: Die Bedienung hat mir am Schluss zu viel rausgegeben, und ich habe es ihr nicht gesagt. Aber ich glaube, es ist etwas anderes, das mir ein schlechtes Gewissen macht. Ich interessiere mich nicht für Politik. Sie ist mir völlig egal.
Ich: Aber das will doch Schröder so.
Bernd: Ja, aber ich habe das letzte Mal trotzdem gewählt.
Ich: Gratulation, braver Bürger, wo liegt dann das Problem?
Bernd: Ich habe FDP gewählt.

Übung: Wir sagen Bernd, dass er auch aussieht wie jemand, der FDP wählt.

21. Heute habe ich ein schlechtes Gewissen im Bett

Der Sex ist höchstwahrscheinlich einer der Bereiche, in dem man sich im Laufe seines Lebens einige seiner schönsten schlechten Gewissen erarbeiten kann. Ganz sicherlich jedoch ist der Sex jenes Feld des schlechten Gewissens, über das man am wenigsten spricht und noch weniger liest. Der Bereich der De-facto-Schuldgefühle ist in unserem Zusammenhang wenig ergiebig, weil es kaum Übung braucht, um ein schlechtes Gewissen zu entfalten, wenn man seinen Freund oder seine Freundin, seinen Mann oder seine Frau betrogen hat. Da greift spätestens beim Wiedersehen mit dem offiziell angetrauten Partner der Wiedergutmachungsreflex, der sich entweder in einer übertriebenen Fürsorge (bei den eher protestantisch geprägten Sündern) oder in einem vehementen Rückzug (bei den Katholiken) äußert. Anders als andere Schuldgefühle, lässt sich dieses auch nicht in den Hinterkopf verdrängen, es wird mit jedem Gedanken an die Geliebte oder den Geliebten wieder aktiviert. Außerdem ergibt es sich merkwürdigerweise, dass immer in solchen Fällen des Betrugs der angestammte Partner sich plötzlich unendlich liebreizend und rührend verhält und man sich somit noch mehr und ausgiebiger schämen darf für das, was man ihm angetan hat. Weil er so unwissend ist, fühlt man sich noch schuldiger, denn nur man selbst weiß, dass man nicht so rein und unschuldig ist, wie der Partner glaubt. Nicht nur im kleinen Fernsehspiel des ZDF, sondern auch in der Wirklichkeit führt der Betrug dazu, dass aus schlechtem Gewissen die Betrogenen mit Schmuck oder teuren Kleidern beschenkt werden. Doch das ist alles langweilig, weil sonnenklar. Ebenso das schlechte Gewissen, das man als Junge und als Mädchen entwickeln sollte, wenn man sich selbst befriedigt. Seit Jahrhunderten setzt die kirchliche Pädagogik vergeblich auf das Schreckensszenario: Wer sich selbst befriedigt, wird fast noch schneller körperliche Leiden wie Blindheit und Rückenmarkauszehrung bekommen als jemand, der immer zu enge Jeans trägt und zu viel Cola trinkt. Die Mechanismen dieses schlechten Gewissens sind allerdings zu banal und altbekannt, als dass auf sie in diesem Übungsbuch länger eingegangen werden müsste. Der Bereich des Sex bietet weitaus interessantere, weil verzwicktere Möglichkeiten für individuelle Schuld. Man kann nämlich sowohl ein schlechtes Gewissen dafür haben, dass man zu viel oder schon wieder Sex haben will, als auch, sich schuldig dafür fühlen, wenn man keinen Sex haben will. Wenn sich also das junge Paar nach einem schönen gemeinsamen Abend in einer Bar nach Hause begibt, beginnt es für beide Beteiligten, schwierig zu werden. Der Mann (besetzen wir die Rollen einmal dem Klischee nach) hofft heute Abend auf Sex, er weiß, dass sie (er nicht), um in die richtige Stimmung zu kommen, Kerzenbeleuchtung schätzt. Nun sucht er nach Kerzen, doch während des Suchens beschleicht ihn der Gedanke, dass sie es vielleicht als zu großen Druck empfinden würde, wenn sie merkt, dass er, kaum zu Hause angekommen, sofort alles für das Miteinanderschlafen vorbereitet. Er erinnert sich, dass sie ihm das letzte Mal sagte, dass sie verkrampfe, wenn sie merke, dass sie funktionieren müsse und es keinen Raum gebe für eine spontane Entscheidung, miteinander ins Bett zu gehen. Wenn die Kerzen brennen, dann habe sie wollen zu müssen, wolle sie nicht, dann müsse sie sich entschuldigen und mit Schuldgefühlen ins Bett legen. Aber sie habe keine Lust, sich dafür zu entschuldigen, deshalb solle er bitte nicht solchen unglaublichen Druck ausüben und die Kerzen auslassen. Solchermaßen erinnert, verzichtet er doch auf das Kerzenanzünden, obwohl er weiß, dass es im normalen Halogenlampenlicht schwer werden wird, zu erkennen, ob sie in romantischer Stimmung ist. Während sie noch im Bad ist, überlegt er, wie er sprach ich die Überleitung zum zweiten Teil des Abends gestalten soll. Nachdem er zweimal kurz hintereinander die Formulierung »Wollen wir es uns noch ein bisschen gemütlich machen?« benutzt hatte und sie schon beim zweiten Mal so guckte, als wolle sie ihm sagen, dass »gemütlich machen« nicht automatisch »Liebe machen« bedeutet, war er auch in diesem Punkt gehemmt. Ähnlich empfunden werden kann auch die Tatsache, wenn man sich abends wider die Regel vor dem Zubettgehen noch einmal rasiert oder gar duscht. Man

209

kann dann noch so viel beteuern, sich einfach noch einmal frisch gemacht zu haben, wenn sie das Duschen mit dem Hinweis quittiert, sie sei leider zu müde, dann weiß man, dass man mal wieder unzulässig Druck ausgeübt hat. Ob es allerdings hilfreich ist, abends um elf in die Dusche zu steigen, mit dem Hinweis: »Ich gehe jetzt in die Dusche, weil ich mich freue, kurz vor dem Zubettgehen zu duschen, auch wenn ich das sonst nicht oft mache, aber heute ist es so, und das hat nichts damit zu tun, dass ich mich waschen will, damit wir danach ins Bett gehen wollen, überhaupt nicht, ganz wie du willst, natürlich heißt das nicht, dass ich nicht mit dir schlafen wollte, falls du es wollen solltest, aber ich wollte dir einfach nur sagen, dass ich jetzt ganz spontan einmal kurz dusche, und danach komme ich zu dir ins Bett, und wir können ja dann einfach sehen, wonach uns zumute ist, eigentlich bin ich auch sehr müde ,und morgen ist ein anstrengender Tag, und habe auch keine Angst, das Duschen macht mich nicht wieder zu wach, wenn man warm duscht, ist das entspannend, vielleicht willst du ja auch duschen, neiin, nicht mit mir gemeinsam, sondern danach, einfach so, zur Entspannung, nein, nur damit du dich besser fühlst, ich will damit keineswegs sagen, dass du dich auch duschen sollst, nur damit wir danach miteinander schlafen könnten, aber falls du wolltest, solltest du dürfen können ...«

Das sind die verheerenden psychischen Schäden bei der ersten Generation von Männern, die mit dem streberhaften Lesen von Frauenzeitschriften groß geworden ist.

Wer sich so lange gefragt hat, ob er Kerzen anzünden und sich vor dem Schlafengehen duschen darf, ohne dass dies als sexuelle Nötigung gewertet wird, der wird sich auch dann, wenn man gemeinsam unter der Decke liegt, bemühen, möglichst nicht zielorientiert, sondern ergebnisoffen zu streicheln.

Von weiblicher Seite aus stellt sich das ganze Drama genauso kompliziert dar. Sie wehren sich dagegen, dass die Männer sagen, es sei alles zu komplex, weil sie nicht mehr wissen, was die Frauen eigentlich genau wollen. Doch damit geben sie den schwarzen Peter natürlich wieder an die Frauen zurück. Weil die Frauen angeblich so kompliziert sind, dass es den Männern nicht mehr möglich ist, sich normal zu verhalten, liegt es nun wieder an ihnen, die weltweit angespannte Geschlechtersituation zu entkrampfen. Dem Klischee folgend, stellt sich für die Frauen schon beim Betreten der Wohnung die Frage, wie es ihr gelingt, den Abend harmonisch enden zu lassen, ohne dass sie sich zu schuldig dafür fühlen muss, nicht mit ihm schlafen zu wollen. Eventuell geht sie in die Offensive und erklärt, heute zu müde zu sein, aber morgen Abend könne man sich doch einen schönen Abend zu zweit machen. Wenn er dann sagt, aber sie hätten doch gerade schon einen schönen Abend zu zweit, dann kann sie antworten, für ihn sei ein geglückter Abend zu zweit offenbar nur einer, bei dem man am Ende miteinander im Bett landet. Das schlechte Gewissen lagert dann vorübergehend bei ihm, und die Dame hat eine kurze Verschnaufpause.

Doch es ist keinesfalls so, dass sich schlechte Gewissen nur bei der theoretischen Erörterung des Geschlechtsaktes entwickeln können. Auch die Praxis hält einige schöne Klippen bereit: Besonders schwierig ist es etwa, wenn einen der beiden ein irgendwie geartetes kleines körperliches Problem daran hindert, das Liebesspiel fortzusetzen – allein Niesanfälle und Krämpfe im Bein sind wegen der Unkontrollierbarkeit gestattet, wer aber nur das Gefühl hat, sein Arm sei abgestorben oder er falle gleich vom Bett, der wird sich hüten, wegen solcher Lappalien das wunderbare Spiel der Körper zu unterbrechen, aber natürlich wird derjenige weitaus mehr an den absterbenden Arm denken als an die Küsse des Partners und somit schon bald ein sehr schlechtes Gewissen dafür haben, an seinen Arm zu denken und nicht an den Partner, er wird, unter zunehmenden Schmerzen, darüber nachdenken, ob dies eventuell ein ernsthaftes Anzeichen dafür ist, dass es in seiner Beziehung nicht mehr richtig läuft, und er wird dann zum garantiert völlig falschen Zeitpunkt seinen Arm aus der Umklammerung befreien oder seinen Körper von der Bettkante wuchten. Immer wieder gerne genommen wird auch das kleine Schuldgefühl dafür, dass man beim Akt selbst, und sei es nur eine Sekunde lang, nicht an den Partner denkt, sondern an den Fahrradverkäufer von vorhin, die Sekretärin oder Laetitia Casta.

Wer ausreichend Männer- und Frauenzeitschriften oder Groschenromane gelesen hat, weiß leider so viel über die 101 geheimen Wünsche des anderen Geschlechts, dass er sich immer ein klein wenig dafür schämt, mindestens 96 davon wieder vergessen zu haben. Besonders lächerlich ist der Druck der sexuellen Totalbefriedigung, der heute noch von den Frontarbeitern *Cosmopolitan, Stern, Max, Petra* und so weiter mit jeder neuen Ausgabe erhöht wird, weil deren Leser meist längst in der weitgehend nonsexuellen Realität angekommen sind. Die dauernde Präsentation von Nacktheit, das permanente öffentliche Reden über Sex hat eine stabile Illusion errichtet, die mit der Wirklichkeit nichts mehr gemein hat.

Und das begann schon in unserer Pubertät. Wenn ein Junge auch mit siebzehn Jahren noch nicht mit einem Mädchen geschlafen hatte, musste er sich, verstand er die Statistik in der *Bravo* richtig, eigentlich bereits gehörig dafür schämen. Deswegen log er seinen Freunden vor, mit wie vielen Mädchen er schon im Bett gewesen war, wofür er dann das nächste Schuldgefühl hatte. Eine Spirale, die nur dadurch durchbrochen werden konnte, dass er irgendwann wirklich seine erste Freundin hatte und dann nur noch, wie üblich, ein schlechtes Gewissen hatte, weil er Angst hatte, dass die Nachbarn sie gehört hatten.

Für die Mädchen waren die Probleme mit den Entjungferungsstatistiken dieselben. Doch das war harmlos im Vergleich zu dem Erwartungsdruck, der dann folgte: Denn ihre Freunde, auch wenn sie vorgaben, nur zum Musikhören zu kommen, wollten ja eigentlich immer mit ihnen schlafen. Und selbst, wenn ein Freund wirklich nur Musik hören wollte, glaubten sie, er sage das nur so. Und das ging ein Leben lang im Wesentlichen so weiter. Neben dem Schuldgefühl, das sie vor sich selbst empfand, weil sie ihm signalisierte: »Heute nicht« und damit zeigte, dass sie, wie sie befürchtete, lustfeindlich und verklemmt ist, kamen regelmäßig noch die schlechten Gewissen hinzu, die sie vor ihm empfand. Zum einen wusste sie, dass er nach Sex besonders gut einschlafen konnte, und wenn sie dann merkte, wie er sich, nachdem sie ihn abgewiesen hatte, minutenlang hin und her wälzte, gehörte viel Disziplin dazu, sich nicht doch erweichen zu lassen. Schlimmer jedoch lastete auf ihr das Gefühl, durch ihre Absage sein Selbstwertgefühl beschädigt zu haben. So musste sie in jedem Falle leider hochrechnen: Da ich ihm gestern schon sagte, ich sei zu müde, kann ich es ihm heute unmöglich schon wieder sagen, denn das würde er als wirkliche Zurückweisung verstehen, und sein Selbstbewusstsein ist wegen des Ärgers im Büro ohnehin schon angeknackst, also sollte ich eigentlich mit ihm schlafen, aber eigentlich ist es auch nicht in Ordnung, wenn ich nur mit ihm schlafe, weil ich ihn nicht zum zweiten Mal abweisen kann, denn eigentlich will ich ihn zum zweiten Mal abweisen, weil ich heute zu müde bin. Aber vielleicht stimmt ja auch einfach irgendetwas nicht mehr zwischen uns, und meine Unlust ist nur ein Anzeichen dafür, vielleicht bin ich ja ohnehin nicht die richtige Frau für ihn, er braucht jemand, die ihm weniger Probleme macht, bei dem harten Job, den er da hat. Sehr schön ist nun, hat man erst einmal angefangen, so zu denken, und vielleicht sogar einmal dem Partner von diesen Gedankengängen erzählt, die Tatsache, dass ab sofort das gesamte Gelände vermint ist. Denn wenn die Dame nun doch mit ihm schläft, dann könnte er befürchten, dass sie es nur macht, um ihm eine Freude zu machen, und dann könnte er erst recht ein schlechtes Gewissen bekommen dafür, dass seine Freundin sich selbst verleugnet und mit ihm schläft, obwohl sie keine Lust hat, aber weil sie Angst hat, wenn er schon wieder zurückgewiesen wird, dass er es als Beleidigung ansieht, dass sie sein Selbstbewusstsein für so klein hält, dass sie glaubt, er könne noch nicht einmal eine zweimalige Absage im Bett verkraften. Wer in so einem Fall eine Kerze anzündet oder duschen geht, ist selber schuld.

Übung: Wenn wir mit unserer Freundin ins Bett gehen, nennen wir sie immer beim Namen ihrer Vorgängerin.

22. Heute feiere ich Weihnachten, das Fest der Schuldgefühle

Ein sehr unguter Moment ist, wenn man am Heiligabend aus dem Briefkasten eine Karte oder – noch schlimmer – gar ein Päckchen mit Weihnachtsgrüßen eines Freundes zieht, dem man in diesem Jahr bewusst oder unbewusst nicht zu Weihnachten geschrieben hatte. Dieses schlechte Gewissen, den anderen schnöde aus seiner eigenen Freundeskartei aussortiert zu haben, während man für ihn noch weiterhin eine große Bedeutung hat, führt dann zu hektischem Briefeschreiben am Heiligabend. Diese Briefe wirft man dann meist am 25. Dezember ein, und sie trudeln dann wegen der Feiertage am ersten Tag nach Weihnachten ein, merkwürdige Dokumente eines schlechten Gewissens, frankiert mit Schuldgefühlen und 1 Mark 10. Zur Verschleierung ging ich in solchen Fällen dazu über, den Brief auf dem Bogen auf den 22. Dezember vorzudatieren, also den Tag, an dem ich die Post des anderen noch nicht hätte haben können. Damit die Verspätung nicht zu komisch wirkte, schrieb ich dann in meinem Brief am Schluss: »Ich hoffe, der Brief erreicht Dich rechtzeitig«, wodurch die Verspätung dank ihrer dezenten Ankündigung besonders komisch und durchschaubar wirkte. Der Hinweis eines Naseweises, der an dieser Stelle kommen könnte, man könne die Briefe doch auch unerwidert lassen und den Schreibern durch einen Anruf an Weihnachten selbst telefonisch die besten Wünsche übermitteln, übersieht völlig, dass sich Strukturen eines schlechten Gewissens so kompliziert entwickeln, dass sie sich ab einem gewissen Alter nicht mehr durch solche Patentrezepte lösen lassen. Jeder weiß, dass Weihnachten das Fest der Schuldgefühle ist. Angesichts der Probleme, die sich für das schlechte Gewissen im Familienkreis ergeben, werden die Gedanken über einseitig eingegangene Briefe schnell von anderen Sorgen überdeckt. Denn wie soll man sich verhalten, wenn man anstelle des gewünschten Hundes einen Stoffhund geschenkt bekommt, wie soll man schauen, wenn man sieht, dass die Mutter die Wunschzettel verwechselt hat und der Bruder das Buch bekommt, das man sich selbst gewünscht hatte und das er nun begeistert entgegennimmt? Wie soll man reagieren, wenn die Großmutter einem einen Pullover gestrickt hat, der so hässlich ist, dass er sofort in die Altkleidersammlung wandern muss, wie schließlich, wenn man sieht, dass das Geschenk des Bruders für einen selbst doppelt so teuer war wie das, was man für ihn ausgesucht hat? Wie soll man reagieren, wenn die Mutter sieht, dass man eingeschränkt begeistert schaut, weil das Unterhemd so hässlich ist, dass man ihn nie anziehen kann, wenn die Freundin da ist? Wie soll man vor sich selbst wieder ins Reine kommen, wenn man zwei Freunden, die eigentlich ganz unterschiedlich sind, dasselbe Geschenk schenkt, bloß weil man es selbst so lustig fand? Wie soll man erklären, dass man das Buch, das man als Hauptgeschenk bekommt, letztes Jahr schon zum Geburtstag bekommen hat oder schon in dieser Sekunde weiß, dass man es nie lesen wird? Wie ist die höfliche und nicht verletzende Antwort auf den Hinweis: »Wenn es dir nicht gefällt, kannst du es gerne umtauschen!« Nur die ganz Hartgesottenen unter uns haben dieses freundliche Angebot in jungen Jahren einmal angenommen, eigentlich verbietet es sich, es anzunehmen, und man sollte lieber gute Miene zum bösen Spiel machen, weil man sonst ahnt, dass es der Schenkende als üble Zurückweisung und Kritik an seinem Geschmack und Einfühlungsvermögen werten würde. Der Satz »Du kannst es auch umtauschen« ist genauso perfide wie der Satz »Du musst kein schlechtes Gewissen haben«, weil er einen dazu drängt, sich natürlich zu verhalten, wodurch genau dieses Verhalten unmöglich wird. Die Frage, ob man das Umtauschangebot annimmt, muss gründlich überdacht werden, denn durch die Annahme kann der gesamte Heiligabend verdorben sein.

Ernsthaft gefährdet ist die Ruhe an Weihnachten auch durch den Druck, den das Fest der Liebe auf das eigene soziale Gewissen auslöst. Mancher kann sich sehr schön das Fest verderben, indem er permanent daran denkt, wie einsam wohl der Arbeitslose aus dem ersten Stock oder die alte, arme Witwe nebenan feiern wird. Kenner kennen auch das schlechte Gewissen, wenn es ihnen trotz Kerzenbeleuchtung und »O du fröhliche«

nicht gelingt, im Weihnachtsgottesdienst einmal nicht ans Büro oder an die Geschenke zu denken, die noch eingepackt werden müssen. Die Schuld, die man dafür empfindet, in keiner weihnachtlichen Stimmung zu sein, ist insofern perfide, als man sie ganz mit sich selbst ausmachen und höchstens durch Anzünden der Weihnachtsbaumkerzen oder Absingen von Weihnachtsliedern bekämpfen kann. Neben der unlösbaren Problematik, die sich aus der Geschenkeverteilung ergibt und dem Nachdenken darüber, ob man selbst richtig geschenkt und sich als Beschenkter richtig verhalten hat, ist Weihnachten vor allem ein Problem für das Körpergefühl. Für alle Frauen, die im Restaurant gerne nach langem Nachdenken ein Wasser und einen Salat bestellen, ist das Fest mit seinem Zwang zur Kalorienanhäufung ein Gräuel: Das Gemisch aus Plätzchen, Braten, Faulenzen, Fernsehgucken und wieder Plätzchen und Faulenzen führt dazu, dass in der Regel unmittelbar nach Weihnachten die Diätanfälligkeit besonders erhöht ist. Wie man nach einem versoffenen und verrauchten Abend glaubt, durch frischen Orangensaft und Müsli am nächsten Morgen den Körper wieder in Ordnung zu bringen, also quasi die Schäden und Gesundheitsgefährdungen des Vorabends durch vitaminreiche Zuwendungen wettzumachen, damit man mittags wieder auf Normalmaß ist, so versucht man auch, die Weihnachtsvöllerei durch den Verzehr von zahlreichen Apfelsinen am 28. Dezember und den demonstrativen Verzicht auf ein Mittagessen unmittelbar wieder in Ordnung zu bringen. Genuss wird durch unmittelbar folgenden Verzicht bekämpft. Sensible Mütter können diese Thematisierung der Weihnachtsessen durchaus als Kritik an ihrer Kochkunst verstehen, und so lauert auch hier eine weitere Möglichkeit für eine Stimmungseintrübung am Weihnachtsfest. Sehr schön sind auch die Schuldgefühle, die sich bei den Beschenkten dadurch entwickeln, dass sie sich aus der Fülle der Geschenke ein Geschenk auswählen müssen, um sich als Erstes damit zu beschäftigen. In Dan Greenburgs wunderbarem Buch *Anweisungen an eine jüdische Mutter* kann man dazu folgenden Ratschlag finden: »Schenken Sie Ihrem Sohn zwei Hemden. Wenn er zum ersten Mal eines der beiden anzieht, schauen Sie ihn traurig an und sagen Sie: Das andere gefällt dir nicht?« In der Kommunikationsforschung ist dieser Mechanismus unter dem Namen »Illusion der Alternativen« bekannt. Im Leben als Realität.

Neben Weihnachten sind auch Geburtstage eine beliebte Quelle für schlechte Gewissen aller Art. Eine besondere Chance bietet dabei der Umstand, dass man sich das genaue Datum, anders als bei Weihnachten, nur schlecht merken kann. So kann das schlechte Gewissen jäh aufjaulen, wenn es etwa Juni wird und man sich urplötzlich daran erinnert, dass Ende Mai doch Boris und Andrea Geburtstag hatten. Dann ist es meist schon so was von zu spät, dass es nur noch peinlich wäre, sodass man es dann dabei bleiben lässt. Schrecklich ist für solche Erfahrungen das Einführen eines Geburtstagskalenders, denn wenn man irgendwann einmal im Laufe des Jahres, etwa an einem Tag unter der

Woche, an dem man zu Hause bleibt (siehe Kapitel 8), dort hineinschaut, sieht man minutiös alle Personen aufgelistet, denen rechtzeitig zu gratulieren man vergessen hatte. Aus diesem Grund ist von dem Anlegen eines Geburtstagskalenders streng abzuraten. Meist erinnert man sich übrigens erst in jenem Moment daran, dass man den Geburtstag des anderen vergessen hat, wenn er einem selbst zum Geburtstag gratuliert. Beschämt nimmt man die Glückwünsche entgegen und rechnet im Kopf nach, ob es noch schicklich ist, ihm nachträglich zurückzugratulieren, oder ob der Geburtstag bereits fast verjährt ist. Sehr anstrengend ist auch das Besuchen von Geburtstagsfesten. Dabei sind vor allem zwei Momente besonders gefährlich: das Singen von »Happy Birthday« und das Auspacken der Geschenke. Das Singen ist immer peinlich, egal, ob im Lokal, wo man im Erdboden versinken möchte, wenn die Gäste von den anderen Tischen herüberblicken, oder aber im Wohnzimmer, wenn niemand richtig singt und man Angst hat, dass die schöne Frau, deren Namen man noch nicht kennt, merkt, dass man nicht singen kann. Ein schlechtes Gewissen habe ich auch vor dem Geburtstagskind selbst, dem wir es zumuten, etwa vierzig Sekunden lang wie angewurzelt zu stehen und über sich ergehen zu lassen, dass alle seine Freunde sehr laut und schlecht zu seinen Ehren singen, es das eigentlich gar nicht will, es aber auch weiß, dass es unhöflich wäre, das zu verbieten, da dieses Singen von »Happy Birthday« ohne Rücksicht auf Verluste für viele der einzige Moment des Jahres ist, in dem sie glauben, süditalienische Lebensfreude demonstrieren zu müssen, und da sollte man sie lieber gewähren lassen. Ist dann gesungen und man geht zum stilleren Teil des Abends über, der durch das lächerlich einfache Auspusten der Kerzen auf der Geburtstagstorte eingeläutet wird, droht die nächste Gewissensprüfung: das Öffnen der Geschenke. Schon als sehr junger Mensch bemerkte ich, dass es keine Möglichkeit gibt, dieses Auspacken unter aller Augen ohne komische Gefühle zu überstehen. Entweder ist das Geschenk, das ich ausgesucht habe, zu intim, sodass ich nicht will, dass es alle sehen, vor allem, weil ich weiß, dass es niemand verstehen würde, warum ich dem Geburtstagskind ausgerechnet dies schenke. Oder ich habe zu spät damit angefangen, ein Geschenk zu besorgen, und habe es dann nicht mehr rechtzeitig bekommen, dann bastele ich in letzter Sekunde einen »Gutschein«, doch inzwischen schenke ich »Gutscheine« schon mit schlechtem Gewissen, weil eigentlich alle, Schenkende wie Beschenkte, wissen, dass diese Gutscheine eigentlich so gut wie nie eingelöst werden. Aber ein Gutschein für etwas Originelles war bei manchen Freunden, das kam immer auf die anderen Gäste an, noch besser als ein Buch, denn da hatte ich Angst, weil alle anderen lustige Dinge aus den Läden für lustige Dinge schenkten, jeder hielte mein Geschenk für ein typisches Brillenträgergeschenk. Schön ist es auch, wenn sich das Geburtstagskind von offenbar zwei Leuten ein Buch über Landhäuser in der Toskana gewünscht hat und man sieht, wie das Geburtstagskind gerade genau das Buch auspackt, das man ihm in zwei Minuten nochmals schenken wird. Am schönsten war aber eigentlich der Abend, als ich dachte, das Geburtstagskind fände es sehr uncool, beschenkt zu werden, und deswegen hatte ich es irgendwie vergessen und war auch ganz erleichtert, als das ganze Abendessen über gar nicht von Geschenken die Rede war. Doch dann ging ich irgendwann aufs Klo, und da sah ich im Flur drei Papiertüten, in denen die anderen Gäste ihre Geschenke mitgebracht hatten, aus den Tüten guckten Schleifen und teures Einwickelpapier, drin waren bestimmt sehr lustige und originelle Geschenke. Ich kam mit sehr betretener Miene an den Tisch zurück. Langsam ging es auf zwölf Uhr zu. Langsam fingen plötzlich alle am Tisch damit an, das Geburtstagskind auf ihre Geschenke neugierig zu machen. »Ich bin mal gespannt, ob du das schon hast«, hörte ich den einen sagen, und eine andere sagte zum Geburtstagskind: »Ich weiß nicht, ob es dir gefällt, also ich habe es und nutze es täglich, aber wenn es für dich nichts ist, sag es ruhig, du kannst es umtauschen.« Irgendwann wurde es dann zwölf, und im allgemeinen Sektgläseranstoßen wurde ich auch schon von zwei Freunden gefragt, was ich denn mitgebracht hätte, ich würde ja gar nichts sagen, das sei bestimmt ein ganz besonderes Geschenk. Bevor ich antworten konnte, ging der Geschenkereigen los. Erst das eine, dann das nächste Geschenk und zwischendurch immer viel Gejohle. Mir wurde immer heißer. Nur noch mein Nachbar und ich hatten noch nichts geschenkt, und ich hoffte, dass er auch nichts dabeihatte. Doch dann stand er plötzlich auf, zog aus der

Innentasche seines Jacketts einen Zettel und verlas ein selbst verfasstes, sehr lustiges Gedicht auf das Geburtstagskind, und als er fertig war, ging die Küchentür auf, und dort stand ein riesiges Paket, in dem Leuchtstäbchen steckten, die glitzernd abbrannten. Als das Paket ausgepackt war, blickte das Geburtstagskind, während es die Bänder zusammenlegte und voller Glück die Popcornmaschine bestaunte, die er geschenkt bekommen hatte, erwartungsvoll und glücklich in meine Richtung und sagte: »Und nun dein Geschenk, du hast es ja besonders spannend gemacht.«

Übung: Wir sagen ab Oktober allen Freunden und der Familie, dass wir uns in diesem Jahr nichts zu Weihnachten schenken sollten. Dann schenken wir allen Freunden und der Familie in diesem Jahr besonders üppige Geschenke und rufen alle am Morgen des 1. Weihnachtsfeiertages an, um ihnen zu sagen, wie enttäuscht wir sind, dass sie tatsächlich nichts geschenkt hätten.

23. Heute versuche ich, mit meinem Partner zu sprechen

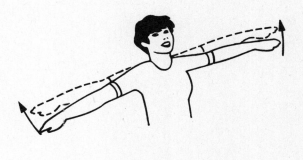

Er: »Ich komme heute früher nach Hause.«

Sie: »Wegen mir musst du nicht früher nach Hause kommen. Ich habe noch sehr viel zu tun.«

Er: »Aber du hast doch gestern gesagt, wir hätten gar keine Zeit mehr füreinander.«

Sie: »Ja, gestern Abend saß ich die ganze Zeit alleine herum, während du dich mit deinen Freunden vergnügt hast.«

Er: »Aber du hattest doch gesagt, dass du einmal Zeit für dich brauchst.«

Sie: »Das habe ich nur so gesagt. Ich hatte gehofft, dass du merkst, wie sehr ich dich gebraucht hätte.«

Er: »Na, dann komme ich heute eben früher vom Büro, und dann reden wir in aller Ruhe.«

Sie: »Heute habe ich keine Zeit. Ich muss arbeiten, das kann sehr lange dauern, ich weiß gar nicht, wie ich das alles schaffen soll.«

Er: »Bist du dir sicher, dass wir nicht reden wollen?«

Sie: »Ja. Aber du kannst ja gerne früher nach Hause kommen, wenn du nichts mehr zu tun hast im Büro, ich muss aber arbeiten. Ich hätte auch gerne Freizeit, aber es geht leider nicht, ich muss den Entwurf bis morgen fertig haben.«

Er: »Wenn das so ist, dann komme ich auch etwas später.«

Sie: »Na, bravo. Wie wäre es vielleicht, wenn du doch früher nach Hause kämst und endlich das kaputte Fahrrad reparieren würdest? Oder frische Wasserkästen holst? Oder endlich den Fernseher zu Tante Elli ins Altersheim bringen würdest, den wir ihr seit vier Wochen versprochen haben?«

Er: »Ja, das ist eine gute Idee.«

Sie: »Schön, und kannst du mir vielleicht einmal sagen, warum du dann nicht selbst auf diese schönen Ideen kommst? Warum ich sie hier präsentieren muss wie auf dem silbernen Tablett?«

Er: »Nein. Ich mache das auch ganz bestimmt morgen. Heute bin ich aber zu erschöpft, wir hatten heute Morgen eine anstrengende Konferenz, und ich brauche einfach ein bisschen Ruhe.«

Sie: »Ruuhe? Kann ich das noch mal hören? Du brauchst Ruhe?! Und was soll ich sagen: Ich bin heute Morgen um halb sieben aufgestanden, habe Frühstück gemacht, die Kinder in die Schule gefahren, die Wohnung aufgeräumt, bin dann ins Büro gefahren, habe auf dem Weg deine Hemden in die Reinigung gebracht, habe acht Stunden gearbeitet und muss nun heute Abend die Entwürfe fertig machen, weil ich sie morgen präsentieren muss, vorher aber muss ich Lisa vom Turnen abholen und mit Albert für seine Mathearbeit morgen büffeln – und du sagst, du brauchst Ruhe! Wo sind wir denn hier eigentlich? Fragst du dich denn eigentlich auch einmal, was ich brauche? Schließlich bin ich noch immer deine Frau.«

Er: »Schatz, höre doch, das tut mir Leid, du brauchst die Ruhe sicher viel nötiger als ich. Vielleicht kannst du ja am Wochenende ein bisschen entspannen ...«

Sie: »Jetzt lenke doch nicht wieder von den Problemen ab. Du bist ein unglaublicher Verdränger. Ich kann es nicht glauben, dass du heute schon wieder so lange im Büro bleiben willst, obwohl Albert morgen seine Mathearbeit schreibt.«

Er: »Siehst du, dann komme ich früher, mache mit Albert etwas Mathe und nachher ...«

Sie: »Und nichts nachher. Komm du lieber erst einmal nach Hause, deine Kinder kennen dich ja schon gar nicht mehr.«

Solch eine schöne Situation kann nun noch durch viele kleine Eventualitäten verfeinert werden. Hierzu bietet sich an: 1. Der Chef, der einen bittet, bis zum nächsten Morgen dringend noch folgende Arbeit zu erledigen, und deshalb bittet, nur noch einmal, nur heute länger im Büro zu bleiben. 2. Man hatte vergessen, dass man sich, als man dem lästigen Freund letzte Woche in letzter Minute absagte, für heute Abend verabredet hatte und versprochen hatte, dass diesmal ganz sicher nichts dazwischenkommt. In dieser Sekunde klingelt schon das Handy, auf dem Display leuchtet sein Name. 3. Als Sie beim letzten Streit Ihrer Frau Blu-

233

men mitbrachten, weinte sie sehr lange, weil sie das für ein untrügliches Zeichen dafür hielt, dass Sie fremdgegangen waren. Was soll sie nur denken, wenn Sie diesmal wieder Blumen mitbringen – wie aber wird sie es deuten, wenn Sie nichts mitbringen? 4. Sie können kein Mathe, wenn Sie Albert zu helfen versuchen, können Sie sogleich mit dem vorauseilenden schlechten Gewissen für seine verhauene Arbeit beginnen. 5. Für Kenner: Dass er so schlecht Mathe kann, das hat er von mir.

Vielleicht hilft es dem einen oder anderen ja bereits, wenn er merkt, dass er nicht allein ist an jenem Ort, den Paul Watzlawick in seiner großen Weisheit die »barocke Hölle der menschlichen Beziehungen« genannt hat. Doch ich darf Watzlawick nicht einfach so zitieren, weil ich sonst ein schlechtes Gewissen dafür habe, dass ich ihm nicht nur dieses Zitat, sondern auch zwei Drittel seines wunderbaren Buchtitels *Anleitung zum Unglücklichsein* gestohlen habe, aber – und das stehle ich jetzt bei Johannes Rau – man kann geistigen Diebstahl ja auch als eine Form von Anerkennung werten, und so ist es hier auch gemeint. Und dass in meinem Buchtitel »Unschuldigsein« vorkommt, obwohl eigentlich der Zustand der »Schuldlosigkeit« gemeint ist, auch dafür fühle ich mich schuldig, weil mich alle davor gewarnt haben und ich es trotzdem gemacht habe, weil es besser klingt. Wofür ich schon wieder ein schlechtes Gewissen habe. Wie auch dafür, dass in diesem Buch und seiner 23fachen Problemzonengymnastik zwischen Peinlichkeit, verletzten Konventionen und begründet schlechtem Gewissen für unmoralische Handlungen nicht wirklich streng unterschieden worden ist – weil wir auch in unserem Kopf bei diesem Punkt leider nicht so sauber trennen, wie es gut wäre.

Doch weil wir offenbar eine solche Sehnsucht haben nach Gut und Böse, es zugleich aber kein verbindliches System mehr dafür gibt, das alle akzeptieren, bauen wir uns immer neue Gedankendschungel auf, in denen wir uns dann selbst kaum noch zurecht finden. Das Problem dabei ist, dass man manchmal gar nicht mehr genau weiß, warum man jetzt eigentlich ein schlechtes Gewissen hat – und vor allem, vor wem. Als etwa das Handy aufkam, war es anfänglich nicht gut, eines zu besitzen, dann war es nur noch nicht gut, eine Handyplastikhaltetasche am Gürtel zu besitzen, und inzwischen ist der Besitz eines Handy weder gut noch böse, sondern total egal. Irgendeine geheime innere Sittenpolizei hatte da offenbar plötzlich Straffreiheit erlassen. Da musste sich unser System der Gewissensbisse schnell neue, feinere Methoden ausdenken, um weiter an uns nagen zu können: So ertragen wir es zwar problemlos, wenn unser Gangnachbar im Zug zu seinem Begleiter sagt »Wir haben ganz schön Verspätung«, wenn er denselben Satz aber genauso laut ins Handy zu seiner fernen Freundin sagt, finden wir das anstrengend. Komischerweise auch gilt es als anständig, in Freisprechanlagen zu sprechen, die irgendwie als Kabel am Hals hängen, obwohl es sehr unangenehm ist, auf der Straße vor sich hin brabbelnde Menschen zu treffen. Wir oder irgendwer anderes hat stattdessen offenbar beschlossen, dass es unstatthaft ist, mit einem Handy am Strand zu telefonieren, obwohl dort die Wellen so laut sind, dass man gar nichts hört und wer sein Handy im Kino nicht ausgemacht hat und es dann bimmelt, der muss ein allgemeines empörtes Gezischel über sich ergehen lassen, bevor er verschämt in die Jacke greift. Und dann prüfen kurz alle, die eben noch genervt gezischelt haben, hektisch, ob sie eigentlich selbst ihre Handys ausgemacht haben. Auch wer im Zug sitzt oder im Cafe und, um die anderen nicht durchs Telefonieren zu stören, SMS hin und her schickt, wird schnell merken, dass das Doppelpiepsen der ankommenden Botschaft inzwischen als ein Geräusch gilt, das man eigentlich nur alleine in den eigenen vier Wänden empfangen darf, wenn man unschuldig bleiben will. Irgendwann dann haben wir ein perfektes Regelsystem errichtet, nach dem jeder den derzeitigen Stand des gesellschaftlich akzeptierten Umgangs mit dem Handy oder anderen Gewissensprüfungen auswendig lernen kann. Wie gut, dass wir offenbar keine anderen Sorgen haben.

Register

Abfallwirtschaftsproseminar 13
Absagen 75-78, 92, 177, 179-181
AC/DC 123
Adorno 109
Afrika 113, 143, 185
Aktenzeichen XY 39
Albert 232-234
Altenheim 167, 232
American Beauty 24
Amselfelder 141
Amuse-Gueule 50
Andrea 223
Anleitung zum Unglücklichsein 234
Anrufbeantworter 95
Anweisungen an eine jüdische Mutter 223
Arjouni, Jakob 40
Ärzte 99-102
Asamoah, Gerald 113
Askese und Verzicht 149, 223
»Atomkraft, nein danke« 14
Aufräumen 75

239

Ausschlafen 73
Autofahren 21-26, 28, 147

Bahn, Deutsche 35, 158
Bang-und-Olufsen-Stereoanlage 90, 194
Barlach, Ernst 107
Bart-Simpson-Anstecker 61
Basisschuldgefühl
– individuelles 190
– kollektives deutsches 26, 105-117
Bayern München 116/117
Behindertenparkplatz 121
Bekenntnisse eines Bürgers 158
Benetton 191/192
Berben, Iris 111
Berlin 35, 39, 40
Bernd (sieht wie FDP-Wähler aus) 199-203
Besuche 175-186, 224
Besucher, ausländische 15
BH-Verschluss-Abdruck 194
Bier und Schnitzel 113
Bierhoff, Oliver 109
Big Brother 16
Big Mäc zum Frühstück 24
Bild 106
Bilder und Zeiten 90
BMWs 26
Bonn 112
Bordeaux 51
Boris 223

Boss 189, 190, 194
Brandenburg 26
Brandt-Zwieback 142
Brause 142
Bravo 213
Brigitte-Diät 149, 150
Brillenträgergeschenk (Buch) 225
Brinkmann, Rolf Dieter 110
Brot für die Welt 56, 193
Bruder, älterer (Philosoph) 25, 220
BSE 146
Business-Class 157

C&A 79
Calgonit 193
Capri-Sonne 143
Casta, Laetitia 212
Castor-Transport 18
Cellulitis 150
Chopsuey 48, 49
Christen und Käfigeier 141
Clara (aus dem Bio-LK) 127/128
Clerasil 105
Cola 142, 208
Corriere della Sera 112
Cosmopolitan 213
Cousine aus Gießen 191
Currywurst mit Pommes und Mayo 148

Dallmayr Prodomo 16/17
Daniela 151
David (hat kein schlechtes Gewissen) 89
DDR 108
Deutsche, der, an sich 14
Deutsche, typische 113
Deutschlandlied 117
Dieter 151
Dönhoff, Gräfin 27
Dr. Fresenius-Institut 142
Dürer 109
Düsseldorf 109

Easton Ellis, Bret 190
Economy-Class 157
»Ein Herz für Kinder« 14
Einladungen 75-78, 92, 177 *(siehe auch Besuche)*
Eltern 166-171
– der Freundin 184, 186
Enzensberger, Hans Magnus 109
Erbgut, deutsches 109, 110
Ernährung, falsche 139-152
1. Klasse 157/158
Es 130 *(siehe auch Ich und Über-Ich)*
Espressi und Espressos 115
Eszet-Schnitten 142
Europawahl 23
Ex-Freundin 212, 215

Fahrrad 35/86, 121, 232
Fallschirmspringertruppe, israelische 195
Fallschirmspringerinnentruppe, israelische 196
Faulheit, Recht auf 74
FDP 203
Feinwaschmittelplastikflasche 13, 17
Fernseher 93/94, 101
Fest der Schuldgefühle *siehe Weihnachten*
Fieber 155
Fit for fun 194, 195
Fitness 88, 194
Frankfurt am Main 27, 35
Frauen, die Prosecco trinken 114
Fremdschämen 163-171, 224
Freud 18, 130/131
Freundin (Dame des Herzens etc.) 23, 53/54, 63-67, 73, 101/102, 184/185, 220 *(siehe auch Sex und Partnergespräche)*
– Eltern der 184-186
Friedrich, Caspar David 107
Funk-Uhr 194
Fußgängerzone 125, 135

Geburtstage 223-227
Gefängnisinsassen, ehemalige 80
Gelber Sack 13, 14, 17
Gelbe Tonne 13, 16, 19
Generation Golf 190, 193
Genießen 146
Geo 81

Gerichtshof, innerer 24
Geschenke 77, 177, 220-227 *(siehe auch Weihnachten)*
Gewissen, schlechtes *passim (siehe auch Gerichtshof, innerer)*
– stellvertretendes schlechtes *siehe Fremdschämen*
GEZ 76
Glamour 149
Glascontainer-Mutprobe 15
Gnocchi 115
Goethe 108, 109
Gorleben 18
Go, Trabi, Go 110
Gott 79 *(siehe auch Himmel)*
GQ 53
Grappa 114
Greenburg, Dan 223
Großmutter 24, 220
Grundschule 122
Grüner Punkt 16
Gynäkologen- und Urologenschuldgefühl 99

H&M 76, 88
Hank, Rainer 159
Hautarztschuldgefühl 100
Hautkrebs 25, 100
Heiligabend *siehe Weihnachten*
Himmel 132 *(siehe auch Gott)*
Hirsebällchen 146
Hitzewallungen und Schweißausbrüche 182/183

Holger 181/182
Hölle, ein Tag in der 71 *(siehe auch Zuhausebleiben)*
Hölle, Vorstufe der 50 *(siehe auch Restaurants, französische)*
Honigverkäufer 148
Hörmann, Karl 100
Hummer, depressive 146
Husten 155

Ibsen, Henrik 181
Ich 131 *(siehe auch Über-Ich und Es)*
Internet 202
Internetaktie 197
Italien, Italienliebe 108-117

Jacobs Krönung 193
Jägermeister 195
Jarrett, Keith 90
Jenny 151
Joghurts, abgelaufene 16, 84
Jutesack 147

Kaliningrad 27
»Keine heiße Asche einfüllen« 14
Kellner *siehe Restaurants*
Kessler-Zwillinge 111
Kinder 167-171, 232
– geplante und gewünschte 102, 169
Kinderarbeit 43

Kinder-Schokolade 142
Kinderschutzbund 135
Klassenfahrten 78
Klassengesellschaft, Klassensystem 155-161
Klassenkameraden 119-135, 191
Klassenkampf 159
Kleidermarken *siehe Markenkleidung*
Kleinwalsertal 161
Knausrigkeit, schwäbische 65, 114
Kochen 52
Komplimentedruck 178/179
Korkgeschmack 54
Kracht, Christian 190
Krakow 27
Kreditkarte 76
Kühlschrank (geheimer Ort) 83/84
Kultur 18

Lacoste 191
Lamas, Clowns und Elefanten 126
Latte macchiato 110
Legebatterie 43
Lexikon der christlichen Moral 100
Liebesnacht 67
Lisa 232

Mädchen, dicke und hässliche 122/123
Mädchen, das schönste und das zweitschönste 122
Mallorca 113, 159, 167
Márai, Sándor 158

Markenkleidung, Markenprodukte 189-196
Maria (Putzfrau 1) 155/156
Mathearbeit 124, 232-234
Maul- und Klauenseuche 146
Mayonnaise 23/24, 127, 148
Max 213
McDonald's 127-129, 135, 152 *(siehe auch Ernährung, falsche)*
McDrive 24
Meeresfrüchte, glubschige 55
Mein schöner Garten 81
Mercedes 26, 194
– S-Klasse (mit Sylt-Aufkleber) 161
Merian 81
Milchschnitte 143, 144
Milošević, Slobodan 169
Modern Living 53, 89
Moralgebäude 15
Moritz (Kollege) 155-157
Mosebach, Martin 110
Müdigkeitssyndrom, postpizzales 86
Müll, klassischer 13
– Restmüll 13
Müllmänner 72
Mülltrennung 11-19, 84
München 18
Mutter 142-145, 166-168, 170, 220

Nachdenken 17
Nachmittagstalkshows 165/166

Naturgesetz der sozialen Unterschiede 159
Naturwindeln.de 169
Nieselregen 34, 41, 130 *(siehe auch Regen)*
Nike 116
Nivea 195
Nizza 27
Nutella 142, 143

Obdachlosenzeitung 131/132
Obdachlosenzeitungsverkäufer 130-134
Obst und Gemüse 146-148
Ohne Worte 106
Onkel Fritz 53
Ostern 73
Ostpreußen 27
Ozonloch 25, 148

Paris 39
Parodontose 101
Partnergespräche 231-235
Patrick (Freund von Bernd) 202
Peinlichkeit *siehe Scham und Selbstverachtung, Fremdschämen, Gewissen*
Petra 213
Pfarrei, katholische 123/124
Pizza-Service 84
Plastiktüten 147
Polen 26
Political-Correctness-Polizei 27
Porsche, der neue 159

248

Presslufthämmer 71
Prophylaktisches rückwirkendes schlechtes Gewissen 74
Prophylaktisches schlechtes Gewissen 121
Prosecco 114
Pubertät 160, 213
Putzfrau 155-157, 189

Radfahrer 23, 28
Ralf 125
Randow, Gero von 146
Rau, Johannes 234
Ravioli aus der Dose 142
Regen 121, 126, 130, 134, 135 *(siehe auch Nieselregen)*
Reiber, Carolin 194, 195
Reichsdeputationshauptschluß 105
Renzi, Anouschka 111
Restaurants 45-67, 170, 222
– chinesische 48/49
– deutsche 47, 111
– französische 49-57
– italienische 111, 115
– El Pinto 76
Restjugoslawien 13, 141
Restmüll 13
Rimini 109
Ritter Sport
– Vollmilch Nuss 47
– mit Rosinen 147

Rohkostfraktion 148
Rom 27, 109
Rom, Blicke 110
Rosenverkäufer, pakistanische 62-67
Rotwein zu Fisch 53

Saab 23
Scham und Selbstverachtung 48/49 und *passim*
Schirmer-Mosel-Bildbände 90
Schlitzer Bote 182
Schlöndorff, Volker 106
Schmidtheinrich, Frau 193
Schmidt-Rottluff, Karl 107
Schnitzler, Arthur 180
Schnöseligkeit, gewisse 190 und *passim*
Schönheitsoperation *siehe Kessler-Zwillinge*
Schröder, Gerhard 15, 109, 203
Schröder, Hillu 15
Schubert, Helga 168
Schuhputzer 137
Schulbrot 143-145
Schuldbewusstsein, Schuldgefühl 18 und *passim*
Schülerzeitung 105
Schumacher, Michael 109
Schweinebraten 145
Sebnitz 106
Selbstbefriedigung 208
Selbsthass 77, 89 und *passim*
– nationaler, deutscher *siehe Italienliebe und Basis-schuldgefühl*

Sex 67, 205-215
Sibylle 23/24
Spanien 47
Spaßfeindlichkeitsverdacht 33
Softeis 142
Sonnenstudio 77, 92/93
Soziale Gerechtigkeit 160
Sozialkortakte 32
Sozialneid, Angst vor 33, 153-161, 221 *(siehe auch Klassengesellschaft)*
Spaghetti Bolognese 113, 185
Spickzettel 123
Stehgeiger 61
Stern 213
Steuererklärung 87, 92
Stillen 169
Stuttgart 114
Suppe 178
Szczetzctczin 26

Tante Christa 158
Tante Elli 232
Tante Hannelore 77, 92, 95
Tante Nati 170
Tante Trude 179/180
Tanzen 52
Tanzstunde 122
Tatschenka (Putzfrau 2) 155-157
Taubstumme 61
Taxifahrer 31-36, 116

– bekiffter 33
Thiel, Pfarrer Hubert 123/124
Toffifee 101
Tomaten 84
– verfaulte 16
Toskanafraktion 149
Totalbefriedigung 213
Tramper 37-41
Trattoria, »ursprüngliche« 112
Trennkostfreunde 148
Trinkgeld 31, 34, 35, 56, 114
Tropenholz 43
Tschechien 26
TV Spielfilm 90
TUI-Beschwerdeschlange 113

Über-Ich 101, 130/131 und *passim (siehe auch Ich und Es)*
Umweltschützer 16
Urologenschuldgefühl *siehe Gynäkologenschuldgefühl*

Vanillemilch 143
Väter 171
Vegetarier 145/146
Versicherungsvertreter 81/82
Vogue 53
Volvo Kombi 125
Vorauseilendes schlechtes Gewissen 194

Wachturm 130
Wackelpudding 142
Waldorfschüler 127
Wagner, Richard 107
Wassereis 142
Wasserfleck auf der Hose 185/186
Watzlawick, Paul 234
Weckanrufe 78
Wegschauen 106/107
Weihnachten 73, 217-223, 227
Wein, Weinkarte 51, 52, 53, 54
Weisheit, große *siehe Watzlawick, Paul*
Weißwein zum Reh 54
Will, Frau 193
Windel-Schuldgefühl 169
WM-Sieg von 1954 112
Wohlfühldeutsche 114
Wohngemeinschaft 166
Wolfe, Tom 190
Wörterbuch der Geschlechter 150

Zahnarzt, Zahnärzte 23, 97-102
ZDF 208
Zeugen Jehovas 130
Zigeunermutter 61
Zimmermädchen 73
Zirkus 126, 134
Zuhausebleiben 69-96, 224
Zungenküsse 102
2. Klasse 158

Florian Illies
Generation Golf
Eine Inspektion
Band 15065

Mir geht es gut. Ich sitze in der warmen Badewanne, und zwischen meinen Knien schwimmt das braune Seeräuberschiff von Playmobil. Nachher schaue ich »Wetten, daß ...?« mit Frank Elstner, dazu gibt es Erdnußflips. Niemals wieder hatte ich in späteren Jahren solch ein sicheres Gefühl, zu einem bestimmten Zeitpunkt genau das Richtige zu tun.

»Dieses Buch ist wahr.«
Schlitzer Bote

»Illies ist ein Erinnerungsjunkie
und Geschichtsverdreher.«
Welt am Sonntag

»Kein Wunder, daß über kaum ein Buch mehr
geredet wird.«
Süddeutsche Zeitung

»Ein Skandal.«
Hamburger Abendblatt

Fischer Taschenbuch Verlag

Wolfgang Hars
Lurchi, Klementine & Co.
Unsere Reklamehelden und ihre Geschichten
Band 15074

Wie wurde die Milka-Kuh eigentlich lila? Warum wurden bei Karin Sommer die Kaffeetassen immer nur halb ausgetrunken? Wie kamen die Löcher in die Sohlen des Camel-Manns? Warum hat der Marlboro-Cowboy bis heute keine Frau abbekommen? Und was wurde aus den Afri-Cola-Nonnen?

Fragen über Fragen – hier sind die Antworten!

Fischer Taschenbuch Verlag